오늘의문학 특선시집 62

감자 조각들

장시우 시집

오늘의문학사

국립중앙도서관 출판시도서목록(CIP)

감자 조각들 : 장시우 시집 / 지은이: 장시우. -- 대전 : 오늘의문학사, 2017
  p. ;   cm. -- (오늘의문학 특선시집 ; 62)

세종시와 세종시문화재단에서 지원금을 지원받음
ISBN 978-89-5669-815-1 03810 : ₩15000

한국 현대시[韓國現代詩]

811.7-KDC6
895.715-DDC23   CIP2017009755

감자 조각들

■ 시집을 내며

살아온 하늘은 온통 바람들로 가득했습니다.
바람을 포란하는 것은 당신에 대한 그리움이 있기 때문이 아닐까요.

그 바람을 그리움으로 채집하고 아름다운 마음의 색실을 뽑아내어
원고지에 수를 놓는 일은 꽃과 우정, 사랑과 사색을 동반하기
때문에 참으로 많은 생각으로 고통이 따르는 작업이었습니다.

내가 무엇이 되려는 생각도 비우며, 오롯이 걸어가는 시의 길에
아름다운 마음을 가꾸며, 임 사랑, 꽃 사랑으로 고운 길을
바라보며 나를 꽃으로 가꾸겠습니다.

시집 『감자 조각들』을 내며, 나를 가꾸는 일은 모두가
햇살의 일, 삶의 일이라는 생각도 해봅니다.

훗날 씨암탉 같은 깃털이 바람에 앉아 보송보송하게 보풀릴 때,
고이 두 손으로 꽃대를 잡고 '호오' 불어, 멀리까지
날려 보내는 사랑은 우리 함께하는
글사랑이었음을 밝힙니다.

2017년 봄. 시인 甘子
장 시 우

오늘의문학 특선시집 62

감자 조각들

■ 시집을 내며 — 4

1부 감자의 살랑 눈시울 길

친구야, 봄바람 불면	15
들풀 사랑	16
나도 들꽃이 되었습니다	17
저수지에 앉아 바람 타는 물결 되어	18
마음, 발효시키기	19
모서리가 접힌 책 당신	20
순대국밥	21
유년의 별자리	22
감자 조각들 1	24
감자 조각들 2	26
감자 조각들 3	27
감자 조각들 4	28
감자 조각들 5	29
감자의 살랑 눈시울	30
나의 감자씨	31
섣달그믐께 부는 나의 바람꽃	32
길을 가는 동안	34
말이 없어도 알아듣는 사람	35
비 오는 날이면 이렇게 서성이네	36
대인국	37

장시우 시집

자화상	38
노을	40
나는 도사	41
나는 이상한 책이다	42
감자의 아홉거리	44
내 속을 열어보다	46
물봉선화	48
단지	49
눈가에 단팥 터진 붕어빵 가슴에 품고	50
낙과로	51
좋은 인연을 만나면 즐겁지요	52
나도 꽃 시위	53
내 마음을 텃밭처럼	54
인생에서 젊음은	56
세월은 하늘에 닿게 쌓는 일꾼이다	58
교차로 앞에서	60
오석	62
쏘가리 숨비소리	63

2부 유채꽃 바람 타기

텃밭에서 쪽배를 타다	67
자목련	68
장다리꽃	69
꽃을 먹고 산다	70

오늘의문학 특선시집 62

진달래 꽃산	72
금낭화꽃	73
민들레의 꿈	74
과꽃	75
행운의 네 잎 클로버	76
찔레꽃	77
꽃 1	78
꽃 2	79
바람 바람	80
오솔길에서 그물을 짜고 있는 환삼 가시덩굴	82
소루쟁이	83
산딸기	84
꽃의 관조 1	86
꽃의 관조 2	87
살의 일	88
가을 속 뜰의 구절초 꽃	89
유채꽃 바람 타기	90
벽오동 잎새와 쥐똥나무 잎새	92
배추 달팽이	94
회후	96
향유꽃 그대 석양에 함께 서면	97
호박꽃	98
망초꽃 계절	99
안개꽃 나, 알 것만 같네	100
호박아재의 애호박	102
비 오는 날, 아침에	103

장시우 시집

3부 모서리가 접힌 책

늦은 봄날	107
생선초밥, 처갓집 소묘	108
겨우내 녹슨 쟁기 보습에 윤이 날 때처럼	110
죽을 쑤시는군요	112
부부 쌈	113
아내와 겨울바람	114
우리 집 호박, 마음에 분 바르고	116
꽃길	117
살겨 말겨	118
가을밤, 비 오는 날에	120
삶은 누구나	122
바람만한 그대	124
우리는 곱기만 한 당신	126
반딧불이 산	127
나를 만들어 가는 과정에서 윤슬처럼	128
임이시여	129
거울 앞에서	130
그리움	131
고추 이야기	132
딸애집 가는 길	134
동구네 민들레	136
무제	137
함께 해넘이 너덜겅에서	138
피반령 고개를 오르내리다 보면	140

불새	142
여심	144
희아리 당신	145
새	146

4부 스님의 범종소리

제 절도 받으시오	149
나의 무심불	150
마애불	152
부처 섬	154
스님의 범종 소리	155
일체유심조	156
사시불공	158
별	159
영천사에서	160
스님의 법문	162
청량사에서	163
갈매기 날개를 펴다	164
마음이라도 떠나고 싶은 날에	166
인도양이 그립다	168
부겐빌레아	170
그리움은 아직도 식지 않았는데	172

장시우 시집

회우	173
남한강 조동 마을에서	174
낙조	176
별	178
홍매화	179
놀이공원의 저녁 바람	180
험한 세상, 다리가 되어	181
바스락거리는 바람 두 알 넘기며	182
낙화하는 저녁	183
뻐꾸기 소묘	184
등 뒤의 사랑	186
명아주 지팡이	188
바람에게 살짝 흔들리고 싶은 마음	190

5부 나뭇가지에 계절을 걸고

시를 읽고 낭송한다는 것	193
설 명절에 모여 나무를 썰다	194
입춘	195
봄의 서곡	196
월광	197
가을 서곡	198
겨울 꽃밭에 서서	200
삼한사온	201

오늘의문학 특선시집 62

좋겠다	202
겨울 정원	204
겨울 꽃밭을 바라보며	206
화목	208
성에	210
세밑 동태포를 뜨다	212
문풍지	214
내 마음은 바람 같아서	215
강	216
자명종	217
부창부수	218
사랑으로 묶음 통하기	220
탁란	222
가슴에 슬어가는 가스통	223
뱀파이어	224
매무시	225
쓰레기에 대하여	226
안전벨트	227
가로등 예행연습 이야기	228
무궁화 열차	230
별똥별	232
십 년 고개	234
발자국 소리	236
눈 바래기	238
첫눈 내리는 날	240

해설 l 리헌석 / 소유와 무소유의 경계 허물기　241

1부

감자의 살랑 눈시울 길

친구야, 봄바람 불면

친구야
봄바람 불면

그대, 섬진강
매화 꽃잎 따서 띄우고
나는 금강에서 복사꽃, 꽃잎 따서 띄우면

그럼,
바다에 가면 만날 거야.

꽃 피우는 명주바람은 서로 달라도
향기가 붉고 하얗고 그리운 마음만 같으면

별에서 반짝이는 매화꽃 피고,
복사꽃 피는 속뜰에서
만날 거야.

그러다 가슴이 차올라
우리 서로 눈가에
꽃눈이 붉겠다.

들풀 사랑

지는 햇살
들풀 앞에 앉아 이건 비름나물 요건 명아주 저건 망초,
풀숲 그 안에 너의 작은 꽃, 이름 모르면 내가 곱게 지어주고
임 사랑하다 모자라면 들풀 사랑하고

너의 그 속에 나도 꽃 되면, 바람 사랑이 되고
날아가다 힘들면 솟대에 앉아
그리운 임의 새가 되고

살아서 아프지 않으려, 외롭지 않으려
네 앞에 앉아 흐느껴도 좋은,
가슴을 내어 보여주어도 좋은 들풀,
풀꽃을 사랑하고

네, 뜰에 날아가지 않는 그림자 하나로 앉아 있어
하늘 타는 꽃대궁 두 손 고이 잡고
마음이 따스한 입김으로 호오
바람 불어넣어

멀리까지 날려 보내주는
그런 사랑을
하고.

나도 들꽃이 되었습니다

나도 들꽃이 되었습니다.
언제인지도 모르게 그대를 사랑하다 보니
나도 들꽃이 되었습니다.

구름이 흘러가는
둔덕에 앉아 바람 타는 하얀 바다를 보고서야
꽃의 몸짓 하나
임의 꽃강에 반짝이는 낱개 하나에도
내 마음 윤슬로 일렁거리고

당신의 쓸쓸한 풀내가
고운 들녘에 서서

해 지는 저녁 갈대숲,
선홍빛 내리쏟아지는 마음에
나도, 꽃물결로 흔들렸습니다.

저수지에 앉아 바람 타는 물결 되어

고춧대 세우며
하루를 밭고랑 타다
바람이 나면 달려가 물가에 앉아 물결을 탄다.

사람 사는 게, 물결처럼
잘랑거리고 일렁이어서 혼자이고 싶어지다.

그러다 훌훌 바지를 털면서 내려오면
내가 앉은자리에 또 다른
바람이 앉는다.

사람 사는 게
바람 타는 일,

그래서 저 넓은
저수지도 일렁거리고
흔들린다.

마음, 발효시키기

어쩌다
한번,
아내 앞에서
일과 행동과 말의
실수로 고두밥을 짓고
어쩔 수 없이 술을 빚는다.

아내 가슴에 부글부글 끓는 화기에도
그동안 몸을 맞대고 살은
정이 깊어선지

술은
식혜처럼
마음을 삭이는 거라고

독 안에 매화가 그득
꽃망울이 터지는 소리로
아내 가슴에서부터
곱게 피어난다.

모서리가 접힌 책 당신

나는
당신을 읽다가
모서리를 접어놓았습니다.

당신은 나에게
모서리가 접힌 책이 되었습니다.

밑줄 그은 나의 마음을 당신도 알아챘을 때
나도 당신에게 접힌 책이 되겠지요.

오늘도 저는 밑줄을 긋습니다.

이제 배우고 알아가는 사랑이 아니라.
"사랑하는 당신"

그분이 바로 당신입니다.

詩作 MEMO ─────
사랑을 알아가는 사람과 사랑을 아는 사람과는 서로 다릅니다. 나는 당신을 사랑합니다. 언제나 진실하고 진정함으로 임에게 사랑을 선물할 것입니다. 봉사할 것입니다. 저는 당신에게 그리움도 선물할 것입니다.

순대국밥

5일 장날이면
시장 골목 안 돼지머리 고깃집에 가서
따끈한 안주 삼아, 순대국밥 하나 시켜놓고
막걸리 한 잔이라도 곱게 따라주고 싶은 우정 하나 있었으면
좋겠네.

비록 허름한 식탁에서
해진 가슴속 답답하고 속상한 실타래를 풀어놓으면
나는 진득하게 들으며 탁주를 따라주고
가끔은 애들 얘기도, 세상 돌아가는 얘기라도 하면서

마음 하나라도 이것저것 섞어서 말아주는 국말이 밥같이
따뜻하게 챙겨주고 싶은 사람 하나 있었으면
좋겠네.

산촌에서 기다려지는 장날처럼
서로 그리운 사람 냄새 함께 있어
내 마음도 그날이 오면 김이 모락모락 나는
그런 사람 하나 있었으면
좋겠네.

유년의 별자리

내 뜰에
명자꽃 필 무렵
붉은 꽃망울이 살랑 눈시울 길에 스친 바람 하나,
무심히 꽃밭을 훑고 지나간 유성처럼
세월이 별들도 함께 데리고 나갔다.

나는 자연스레 잊혀졌나 했다. 그런데
뒤란 장독대 푸른 이끼가 자랄수록 다시 별들도 자라나
마을회관 앞뜰에 단풍 진 색색 잎새
땅바닥에 그려놓고 살살 흔들거리던 그림자처럼
올해도 정자나무 그늘은 나를 다독이고 있었다.

삼팔선 놀이 그 바깥바람까지 내 가슴에
유년의 그리운 수초가 듬성듬성 자라나던 저수지
너른 물 위에, 반짝하고 눈가에 젖었을,
동구나무 아래, 기타 치는
저녁 물결,

꽁지를 졸레졸레, 바람 타는 오리 떼처럼
노을을 헤집으며 지금도 연안 상류 쪽
물살을 거슬러 올라가고 있다.

내 품에 얼마나 그대를 더 소리 내어 읽어야
두 팔로 샛별처럼 나를 따라오는 밤하늘,

부유하는 그리움이
아이들처럼 또 손꼽아, 별을 세며
흐르게 될까.

詩作 MEMO ────────
마음속 떠나가지도, 날아가지도 않는 내 새. '유년' 그 시절부터 지금까지 세월이
많이도 흘렀다. 담배 건조장 들마루에서 별들도 모닥불 사이로 매캐하도록
그립고. 그때는 그렇게 쏟아졌던가.
땅따먹기 작대기놀이 삼팔선놀이, 모두가 나의 별들의 놀이었다.
그 별들은 지금도 내 하늘에 반짝인다. 연한 녹음의 시절, 나는 별을 세어보고
아직도 별을 세어본 기억이 없다. 또다시 별을 세어볼 날 있으려나.
남은 삶에서 그리움이 다시 살아나 그대와 나, 서로 별을 헤아리는.
반짝이는 별이면 좋겠다. 우리 그 시절은 철다리 건너 복사꽃은
밤에도 붉게 피고. 강변길 따라 두 그림자 길게 드리우고
달맞이꽃 포근히 이슬을 새벽까지 덮어 주었다.

감자 조각들 1

담쟁이덩굴로 가려진 저 아름다운 집에
한번 살아 보았으면 하는 사람들도 있을 것이다.
저 담쟁이덩굴처럼 얼기설기 엮인
그물에 가려진
녹색 수의를 입고 징역을 사는 이가 있을지도 모른다.
세상을 허물지 못해 가슴이 답답한 사람들도 있을 것이다.
단지 미안하다
한마디를 못해 외로운 사람들도 있을 것이다.

제 생각이 짧았어요. 그 한 줄 문자가
사랑하는 사람을 살릴 수도 기분 좋게도 할 수 있다는 것을
왜들 모르시는지, 용기란 별것이 아니다.
자신의 행위를 돌아보며 인정할 때는
바로, 묵음이 아닌 목소리로
분명하게 하여야 하고

그의 마음을 풀어주는 일 또한 매우 중요하다.
내가 나의 잘못을 인정할 때,
당신은 다시 현명한
사람이 되고

나 또한,
상대방 입장에서 한 번쯤
그가 되어보려고
잠시 현명한 생각도
해 본다.

감자 조각들 2

어느 때인가,
내가 몹시 불편할 때
문자가 왔다. '제가 소견이 좁았어요.'
아내의 그 한마디에,
나는 금방 '알았어. 나 밥 먹었어.' 하고
그 일을 잊는다.

잊으니 세상을 누르던 그 무게가 금방 가벼워지고
아내가 다시 이쁘기 시작해진다.

서로의 가슴에 해묵은 소리가 고개를 넘어
평화스러운 서쪽 바람을 타고
세월의 바다가 저만큼이나 보이는
금강 하굿둑으로
윤슬을 실어
나른다.

감자 조각들 3

예순을 훌쩍 넘긴 아내가 직장을 다니는데,
온종일 서로 눈을 마주하지 않으니 나는 좋다만 그래도 나는
놀고만 있는 게 미안해서 집을 가꾸며 일거리를
스스로 만들고 혼자서 묵묵히 일을 한다.

조금은 버겁다고 해서 인부를 사서 일을 하는 것도 아니다.
아내가 고된 일을
하는 만큼이나 나도 그렇게 고되고 싶은 것이다.
그리고 지친 몸으로 돌아오는 아내가 집안일 때문에
더 힘들어할까 봐.

해 질 녘, 소리도 없이 주방에서 맛나고
고운 향기를 미리 만들어 놓고
나는 딴전을 피운다.

아내가 나에게 저녁 잡수시라고
상을 차릴 때까지.

감자 조각들 4

아내와
아이들 앞에
나는 약속한 일도 없는 데.
자연스럽게 약속이 되어버린 것들이 있다.

나 스스로 참으며, 고통도 즐겨야 한다고.

참으로 힘들고
어려운 생각도 하며
산다.

그들이 실망할까,
잠시 내 고통보다
두렵다.

감자 조각들 5

타인이 그의 미움을 토로하면
나는 조용히 경청하고만 있을 뿐 함께 동참하지 않는다.
미움이란 어떤 이유가 존재하고 존재하니
편견을 갖는 법이 아니던가.

그래서 사람이란 실수투성이 작품이라 아니하던가.
내가 그와 진정한 마음으로 소통이 이루어질 때
한 단계 한 계단 높이 올라서는 법
오늘도 나는 사랑과 연민으로
그대를 바라보며
혹시나

내 마음의 뒷모습을
살짝 매무시
해 본다.

감자의 살랑 눈시울

어느 도시에 친구가 있어.
그 도시가 포근하고 별처럼 반짝인다면
그건 친구가 있어,
우정이고 사랑이고 싶기 때문인지도 모르겠습니다.

그리움이 가슴 한쪽에
강물처럼 흐르기 때문인지도 모르겠습니다.
친구와 나는 가슴속에 따뜻한 웅녀의 피가 흐르기
때문인지도 모르겠습니다.

그건 친구가 있어, 그건 친구가 있어
그런지도 모르겠습니다.

우리 언제까지나 바라보는 애틋한 별처럼
서로 가슴이 반짝인다면
말입니다.

나의 감자씨

담홍색 저물녘
강가에 앉은 저 차돌멩이도 속살이 있긴 있는 것일까.
혼자서 물수제비뜨는 걸 보면

슬픔을 이고 가는 구름 하나쯤,
가지고 놀 눈물도, 가슴에 묵직한 산도 있었을 텐데

주방에 앉아 쭈그렁이, 허옇게 싹튼
감자를 묵묵히 깎고 있는
저 사내를 바라보니

내 보기에도
양파 까는 냄새가
눈시울까지

슬금슬금
번진다.

섣달그믐께 부는 나의 바람꽃

해마다
섣달그믐께 되면
서럽고 맵던 고추도 곱게 붉게 빻고
참깨 들깨들도 고소히 볶아대던 우리네 살림 방앗간은
서로 부대낌도 없이 함박꽃이 덜그덕덜그덕 피는데.

내 꼴 사는 게
겨울 잿빛에 목화꽃을 이고
들녘을 헤집고 바람을 타고 살아선지
오늘도 야생으로 좌판을 깔아 놓은 들풀처럼
망초 망초 개망초 마른 대궁은 된바람에 싸락눈 가슴이
하얗게 쪼개져 날립니다.

임아, 외돌은 들판에 애잎을 감추고 된내기에 앉아 봐라.
삭풍의 발부리에 가슴이 차이고 허연 점 흐느적이는 희아리.
삶의 이음줄을 엮으며 잔등거리는 모습이
얼마나 시린 눈꽃인지.

참 멀리도 와서 둥지를 틀고
속눈썹에 눈 알갱이가 날아 들어가 녹는다.

나는 겨울 숲정이 그 바람 안에 애틋한 울음을 터트려
봄의 애벌을 노래하고, 살가운 연민으로 눈시울 적시며
걸어오는 바람꽃, 당신을 진정으로 그리워하며
사랑하고 싶다.

길을 가는 동안

당신과
내가 함께 길을 가는 동안
삶의 향기를 맡기 위해, 아름다움을 바라보기 위해,
오늘 하루도 나와 우리 동산의 무리를 위해
고운 바람으로 물을 뿌려주고

당신과
내가 길을 가는 동안
잡초로 하여금 상처를 받지 않도록
열심히 마음의 꽃을 가꾸겠습니다.

당신과 내가 길을 가는 동안 삶이 바람에 흔들려도
꽃처럼 흔들리며 아파도 꽃처럼 아파서
꽃 같은 사람이 되겠습니다.

마음의 텃밭에 기도가 되는 생각들로 가득 피어나
사랑의 향기를, 임의 향기를
품어내겠습니다.

말이 없어도 알아듣는 사람

정성을 보태
그 무엇을 보내주고서도 언제나 바람을 보내주었다고
매우 흔한 그냥 바람을 보내주었다고
들녘 바람 앞에 서서
머리카락을 휘날리며 잎새를 여미는
영화배우처럼 들꽃 같은 사람이
나는 좋습니다.

말이 없어도 내 말도 미리 알아듣는
그런 사람이 나는 좋습니다.
나를 알아서 미리 챙겨주고도
말이 없는 그런 사람이
나는 좋습니다.

나에게 항상 지고도
나를 이기는 사람,
그런 사람이 나는
좋습니다.

그런 사람이 나는
좋습니다.

비 오는 날이면 이렇게 서성이네

비 오는 날이면
당신을 바라보는 나무처럼
창가에 나는 서서 거리를 바라보게 되고
올 사람 기다릴 사람도 없는데,

비에 젖어서 내게로 올 것 같은 이
기다리는 가로등처럼 서성이네.

비 오는 날이면
그리운 것들이 내게로 올 것 같아
빗줄기 우산도 없는 창밖을
바라보게 되고

왠지 모를 그리움은 가슴에도 흐르고
떨어지는 꽃잎 한 장 한 장 눈에 밟히는데
사랑했던 날들이 빗물에 지워질까
보고 싶은 흔적들이 지워질까
서성이네.

나 이렇게, 비 오는 날이면
서성이네.

대인국

바다를 타고 온
봄날
나의 하우스 안은

얼마나 넓은지.
풀을 매는 데도 솔밭 사이로 강물이 흐르고,
라디오에서 음악이
흐르네.

詩作 MEMO
방송국에서 전파를 타고 올 정도로 제 하우스에 이른 봄날은 넓습니다.
일 할 때마다, 라디오를 틀어놓고 하는데 마침,
조안 바에즈의 솔밭 사이로 강물이 흐르고 음악이 흐르네요.
오늘도 풀을 매며 잠시 나는 대인국 백성이란 생각을 해 보았지요.

자화상

건넌 글방에
누워 가만히 빗자루를 바라본다.

안방에 누워 있다가
타조 깃털처럼 꺼칠해지고 윤기가 빠지자
나와 동거 중이다.

둘은 서로 닮아서 말없이도 얘기가 통한다.
방바닥에 떨어져 너저분히
누워있는 머리카락들을 바라보며 벌써 어쩌려고
자고 일어나면 쌓이는 너절한 일상의 쓰레기들,
쓸어 주며 이거 아까워서 어쩌려고

이제, 한 방에 두 노인네 되니.
나도 잔소리가 늘어 그게 말동무다.

평생을 살아오면서 한 일이라곤 가슴 쓸어 내는 일
일상을 쓸어 내는 일 그밖에 없는데

뒤늦게 철들어 함께 하는 동거가
묵은 가슴 서로 달래 주며 외로움 쓸어 주는 일이다.

오늘도 동무 찾는 일처럼 널 찾아.
제일 먼저 방 빗자루다.

건강을 챙겨 주는 아내처럼 널 잡고
바닥에 널린 세월의 각질을 쓸고 닦으면서
허름한 나의 나잇살도 함께
쓸어 내는 일이다.

노을

내 저물녘에 서서 석양을 바라보니
고즈넉한 물결이
산드러지고 고고하여 '아하 아름다워라.'
노을도 자고 나면 다시 새로워지고

태양의 연속이라는 것을,
그렇게도 붉게 타던, 젊은 날의
햇빛인 것을,

나 방초, 고운 임의 산에서 살고
그대, 일렁이는 바다를 태우며
다시 피어나는 꽃이 되리.

나 바다에 살고
저녁 뒤편 그 너머까지
긴 머릿결 찰랑거리며
가슴이 붉게
타오르리.

詩作 MEMO ―――――
노을도 뜨거운 태양, 젊은 날의 연속임을. 나 비록 저물녘 오늘도 변함이 없는 저녁 뒤편에서 임의 속살까지 일렁이며 향유꽃 붉게 타오르리.

나는 도사

가만히 거울을 바라보니
세월을 고대로 얼굴에다 그려놓았으니
나는 예사롭지 않은가.

햇볕에 거무스름한 촌부로 위장한 나의 뛰어난 기술이야 말로
정말 범상치 않은 도사가 아닌가.

詩作 MEMO ———
범상한 사람은 쪼잔하지 않다.
그깟 세월에 태운 얼굴, 작은 텃밭에 여기저기 검버섯을 심어놓고
나는 자연산 구름버섯이라고 약효 있는 운지버섯이라고 우긴다.

나는 이상한 책이다

나는 책이다.
내일이라는 다음 장은 알 수 없기에 책장을 넘기기 전에는
어떤 글이 나를 맞이할지도 나는 모른다.

나는 책이다. 시가 흐르고 있는 수필집이다.
하루를 꽃과 들녘, 바다와 산을, 윤슬로 그려놓다 가도
산 그림자를 쫓고, 알 수 없는 내일에 대하여 사유하고
시를 낭송하며 하루의 책장을 넘긴다.

나는 책이기 때문에
내가 바라볼 수는 있는 앞 장에만 그대 시선이 머물고
뒷장은 나도 모르기 때문에
삶이라는 책을 엮으며
나라는 사랑의 책을 만들어 가는지도 모른다.

그러나 책은 나이고 내 삶이지만
책의 전체 내용도 책의 이름도 모르는
그리고 하루에 한 장만을 넘길 수 있는
그런 이상한 책이다.

책을 읽고 책장을 다 넘길 때까지
내가 책이면서 책을 모르는
그런, 이상한
책이다.

詩作 MEMO ————
갑자기 책을 바라보다 내가 책이 아닌가, 그런 생각이 들었다.
다음 장을 넘겨 바라보기 전에는
결코 나를 읽거나 나를 알지도 나를 바라볼 수도 없는,
그런 이상한 책이란 말입니다.

감자의 아홉거리

참 이상한 일이다.
그 복숭아밭
지금은

나무 열매처럼
다닥다닥 집들이 들어서고
아홉거리 주막집은 돈도 많이 버셨나 보다.
그 자리에 아파트와 전신전화국 빌딩이 들어서고

늘 푸르던 탱자나무 울타리 사이로
드나들던 내 개구멍 바람이
4차선 도로를 가로 지르며 차들이 쌩쌩 달리고 있는데.

아직도 내 속 그 안에
우리 아버지 복숭아밭 이천 평이 남아있다니.

며칠 전, 오일장에서
복사꽃 볼이 볼고스름한 주모 아주머니하고
우리 아버지하고, 어린 소견에 그렇고 그럴지도 모를

그래도 난,
한 손에 주전자 들고 아주머니가 주신 '달고나' 입에 물고
봄볕 심부름 오고 가기 좋은 날들

여태껏 엄마에게도
숨긴 비밀이 허리를 구부렁하게 굽어 가지고,
도화꽃 가지를 젖히며 내 유년의 복숭아밭 속으로
낡은 유모차를 밀고 들어와 난전 사잇길로
세월을 태우고 얼른 사라진다.

詩作 MEMO ────
세종특별자치시 조치원읍 신흥리 경사 난 정상에 군민체육관이 있다.
그 일대가 복숭아밭 지천이었고 '아홉거리'라고 불리던 곳이다.
아홉거리란 아홉 갈래 길이 있어 사람들의 왕래가 잦아 붙여진 이름이다.
그 아홉 갈래 한복판에 주막이 하나 있었다.

내속을 열어보다

인생사
고지식하고 사람 답답하게,
꽃나무에는 꽃만 피고
가시나무에는 가시로 꽃도 피고 가시로 열매도
맺는 줄만 알았네.

여럿이 함께 사는 우리네
탱자나무 울타리에서
서로 이해하지 못하고 버걱거리는 틈새마다
생채기 아픈 바람만 들어오는 줄 생각했네.
숨 막히고 답답한 날,
그 개구멍 사이로 삽상한 바람도
함께 들어온다는 것도 모르고 우울했네.

임의 휘어지는 회초리 그 마음속 가슴 아픈 바람처럼
조신하라고 일러주는 속내를
묶음이라 까막 몰랐네.

은결들었던 가슴에
딱지가 하나하나 떨어지고

연민의 새살이 순하게 돋아나자.
하우!

나,
어리석고 못난 사람이라는
그 뜻을 이제
알았네.

詩作 MEMO ————
그가 나를 다지게 가르치기 위해 그렇게도 모질게 대하셨던가.
그를 연민으로 바라보고 이해하려 하고 다시 사랑하려 드니,
나 이제 알겠네.
마음의 상처를 잠시 맡겨주셨던 까닭을 나 이제 알겠네.
사랑의 상처도 잘만 깨우치면 지혜가 된다는 사실도 알겠네.
여럿이 함께하는 삶 또한, 충돌의 연속, 바람의 연속이라는 것도 알겠네.
이제 그 바람이 불어오는 쪽으로
나, 오색 헝겊을 걸어놓겠네.

물봉선화

달도 볼세라.
신발 두 짝
살그머니 방안으로 들여다 놓고
숟가락총으로 문고리 채우던

그런 산간에
내 신발도 함께, 임 따라 들어가던
물봉선화 같은
볼그스름한 마음도

나, 외따로 핀
산골바람으로
꽃 핀 적도
있었지.

단지

단지 안에
물 담으면 물독이 되고
쌀 담으면 쌀독이 되고 장 담으면
장독이 된다.

임에게, 열심히 내 마음을 담았는데

내 단지는 왜,
자꾸,

빈 독이 될까.

詩作 MEMO ─────
마음이 투명해서일까.
내 가슴 안에 모든 것들을 임에게 다 내어주고 싶어서 그럴까.
사랑하면 마음이 투명하고 맑아져서 그런가?
나와 그대, 임만이 알아볼 수 있는 깍지 낀 바람이
햇볕을 물고 독 안에서 화안하게 웃는다.

눈가에 단팥 터진 붕어빵 가슴에 품고

아직
우리 아이들이
돌아올 시간이 아닌데도
고샅 모퉁이에 앉아서
건너편 큰 길가를 바라보고 있습니다.

큰길만 건너면
금방이라도 아이들이 내게로 달려올 것만 같아

눈가에
단팥 터진 붕어빵
가슴에 봉지를 품고
가로등 불빛으로 나는 서성이고 있습니다.

이제는 다 커서 결혼도 하고 손자까지 있는데 말입니다.
단팥 터진 붕어빵도 중독이 되나 봅니다.

아직도 우리 집 앞에 가로등 불빛.
그림자로 서성이는 걸 보면
말입니다.

낙과로

밤새운,
아까운 것들이라고
낙과를 주워, 글을 올리기도 해 보았습니다.
나의 맹한 머리에 대고 그렇게 자책하기도 하고
삿대질을 한 적도 있었습니다.

굶주린 글들이 너무 안타깝다는
글 사랑, 시 사랑 때문이라는 명분도 있었습니다.
책상 바닥에 구겨져 떨어진 파지 글로 즙을 내고
시집 행간 한 줄에 담아 넣었습니다.

나의 부끄러운 얼굴답게 글 이름 위에
가볍게 집어넣었습니다.
"낙과로"

詩作 MEMO ———
한참 되었다. 시를 쓰기 위해 오랫동안 어둠의 별도 바라볼 수가 있어야 한다는
명분도 있었다. 그 별을 바라보기 위해서 어둠이 움직이는 물결을
응시도 해 보았다. 사물마다 사유란 꽃병을 물리며 성찬을 꾼 적도 있었다.
바다가 깊으면 깊을수록 막막해지는. 아니다. 먹먹해지는
나의 마음, 앓이가 또 한 해를 접어갈수록
신경이 더욱이 날카로워진 날들이여.

좋은 인연을 만나면 즐겁지요

내
몸과 마음이
건강하게 잘 살고.
좋은 인연을 만나면 즐겁지요.

좋은 인연은 거저 오는 것이 아니라
내가 꽃이 되고 그대 또한 꽃으로, 우리 서로 가꾸는
인연이야말로 좋은 인연이라고 생각합니다.

내가 고운 사람이라면
인연도 곱고 사랑도 곱게 하겠지요.

내가 즐거운 사람이라면 인연도 즐겁고 우정도 즐겁고.
내가 건강한 사람이라면 인연도 건강하리라.
그대 삶 또한, 즐거우리라.

詩作 MEMO ————
나비가 잠시 내려앉았다가 다른 곳으로 날아 가버릴 사랑도, 사랑하여야 하고
꽃처럼 곱게 날려 보내줄 줄도 알아야 하죠. 꽃처럼 다정한 눈길로,
인생을, 삶의 축제 기간으로 만들고 서로 가꾸며 즐길 줄 아는
지혜가 필요하지 않을까요.
시인 甘子, 장시우 생각입니다.

나도 꽃 시위

들길을 걷다
민들레 군락지를 발견하고
나도 한자리를 찾아 앉았다.
이제 나도 꽃, 촛불 시위 중이다.

바람을 잡고 꽃대를 흔드는
노랑꽃들 사이에 구메구메 하늘을 쳐다보니

어느 개인 날이런가.
뭉게구름 여유롭고, 솜털처럼
곱게 흘러가고 있었다.

詩作 MEMO ────
집으로 돌아가는 길, 사람들이 역 광장에 모여 촛불 시위 중이다.
대낮인데도 종이컵에 촛불을 담아 들고, 손을 흔드는 모습에서
어쩜 민들레, 나는 너희들 속에서 시위하는
노란 민들레 꽃을 보았다.

내 마음을 텃밭처럼

세상은 쓸쓸한 타인이라고
그런 사막을 벗어나기 위해 나는 스스로 텃밭을 선택했다.
텃밭에 꽃과 작물을 심고 기르면서 밭둑에 피어나는
봄까치꽃처럼 자연스레, 화사한 봄을 기다리며

고운 시선으로
자연을 바라보게 되고 삼동을 넘긴 고소한 봄동에서
유채꽃을 닮은 노랑나비도 바라보게 됐다.

텃밭에서 파도 심게 되고, 파꽃처럼 씨앗 품은 부채꼴,
분수대에서 물보라가 무지개로 피어나는
그대에게 앙큼한 생각도 했다.

작은 꽃이라면
내가 좋아하는 자줏빛 가지도 몇 포기도 심고
고추도 품종 별로 조금씩 심어 놓고 고추꽃을 보게 되니
그것도 꽃이라고 내 가슴이 고추처럼 붉기도 하고
맵기도 한 생각을 했다.

당신의 매콤한 고추장에 내 매운 고추를 찍어 먹어야
더 달짝지근하게 느껴지는

그래서 더 맛난 이상한 식습관처럼
우리가 서로를 위해 고운 텃밭처럼 길들여진
그대와 나의 생활.

고추에서 닮아가는 매콤한 성격까지
매운 것도 이제 서로 잘 참아서 달금하게 일상을 다듬고
아기자기 살아가는 고운 사랑을

텃밭에서 기르는 농작물도 나는 꽃으로 생각하며
삶을 아름다운 꽃으로, 우리 사랑을 만들어 가는
작은 지혜를 기르며 배운다.

인생에서 젊음은

인생에서
젊음은 나이로 따지지 않는다.
오직 능력과
사랑 하나만으로도 당신의 젊음을 확인할 수가 있다.

인생에 있어서
자신에게 열정을 스스로 채울 수 있는 호수가 있다면
그는 분명 젊은 사람일 것이고
강이 있다면 푸르게 흐르는 젊은 강일 것이다.

자족이란
필요한 것을 스스로 채우는 능력을 말하는데
그 능력이 풍요로울 때

나는
삶의 알곡이 누렇게 익어가는 마음의 들판에서
하루 일상을 열심히 타작하는 사람들을
젊으신네들이라고 부른다.
그게 젊음이다.

당신 스스로 경로라고 하는 순간.
그는 지하철을 무임승차하는 노인네일 것이다.

어느 노랫말처럼 내 나이가 어때서
사랑하기 딱 좋은 나이인데.
그분이 바로 나이기를,
임이기를 바란다.

詩作 MEMO ─────
며칠 전 경부고속도로 휴게소에서 흘러나오는 '내 나이가 어때서'
경쾌한 그 노래를 들으며 가게 안으로 들어가 그 노래가 나오는
시디 한 장을 산 일이 있다.
엑셀을 경쾌하게 밟고 달려가는 고속도로에 내 나이가 어때서
사랑하기 딱 좋은 나이인데. 리듬을 타며
나는 인생을 달린다.

세월은 하늘에 닿게 쌓는 일꾼이다

하루하루,
하루라는 시간을
오늘도 나는 나를 버리는 것이 아니라,

세월을
강물로, 그냥
흘려보내는 것이 아니라,
나의 시간을 나답게 쌓는 일이다.

시간을 나답게 탑을 쌓는 일이기 때문에
나는 나를 보태어진다.

시간이 세월을 보태기 때문에 내가 또
나를 쌓고 쌓아서 내가 나를 만들어진다.

그래서 나는 곱게 노을이 되어간다.

그렇게 하늘에 대고 생각 고운 빛,
물감을 풀어 나를 만들어 가면서

시간의 탑을 하늘에 닿게
기도가 되는 생각들을 하면서
마음을 종일, 나는 또 쌓고
나를, 쌓는 것이다.

詩作 MEMO ————
한해. 한해 떠나가는 시간이 갈수록 더 빠르고 아쉬웠다.
그러나 아쉬울 것이 없는 것이 또 시간이라는 생각도 해 본다.
내가 너를 위해 그대 사랑을 위해 공들여 왔던 만큼 하늘에 닿게,
그리고 무너지지 않게 공든 탑을 쌓는 일이라고….
사랑하고 좋아하고 바라고 내어주며 그렇게 마음을 쌓다보면
바벨탑을 쌓는 일꾼으로, 세월을 그리움으로 풀어놓는 이 세상이든
저 세상이든 세상은 모두 고운 물감으로 쌓는 것이다.
세월의 석탑을 쌓는 석수의 염원이 어디 3층, 4층탑만 있겠더냐,
우리는 모두 밑줄 친 일력들이 하늘에 그리움으로 닿게
나의 시간을 손수 찍어가며 감사로,
은혜로, 우리는 세월을 쌓는 일꾼이다.

교차로 앞에서

내 속에
내가 한둘만이 아니다.
내 마음이 이것저것으로
번잡하고 생각이 엇갈리는
교차로 건너편에서

점멸하는 신호등 그대 불빛을 바라보며

파란 기를 들고 조용히 서 있는 나,
어느 때는 빨간 기를 들고 급정거
안전선 바로 앞에 걸터앉아
겨우 서 있는 나.

그리고 깜빡이는 신호등 숫자 앞쪽
노란 기를 들고 있는
그대 쪽으로 냅다 달려가려는
내가 또 서 있다.

그대 앞에 서 있는 나는 어떤 사람일까,
그리고 진정, 사랑하기는 했는가.

미워하며 즐거운 나와 슬퍼하며 우울한 내가
기쁨과 슬픔의 건너편 저 행길에서
서로 얼굴을 마주 보며

언제까지나 이쪽에서의 나와
저쪽에서의 나는 그저,
번민하며 하염없이
오늘도 서 있다.

오석

남한강 여울에
아직도 씻길 나입니다.
돌 하나 그 자리에 두지 못하고 가지고 온 게 죄입니다.
사람들은 반질거리는 검은색 수석이라고 말들 하지만
나는 무엇이 좋은지.

그 까마귀 같은 마음을 닦고 모시는지 모릅니다.
오늘도 책상 위에 임의 아픔을 모른 채
감투석이라고 이기심을 붙여놓고 바라보며
사랑하는 게 죄입니다.

백년 세월에 앉아 억겁의 강이 흐르는 바다를 그리워하고
연화도를 꾸는 심보가 원죄입니다.
오석은 가까이 하면 할수록 윤은 나지만
나는 조금도 임을 바로
바라보지 못합니다.

詩作 MEMO ―――――
남한강. 여울에 앉아 천만년 몸을 씻고 바위가 조약돌이 되기까지, 나를 깎으며 바다를 그리워하는 오석의 마음을 헤아리지 못하고, 인연이라고 가지고 온 게 죄입니다. 오늘도 책상 위에서 수석 하나 올려놓고 닦으며 내가 왜. 모셔야 하는지도 모릅니다. 오석은 가까이 하면 할수록 윤은 나지만 나 자신, 백 년을 살아도, 천년을 달빛에 구르는 임을 제대로 바라보지도 못합니다.

쏘가리 숨비소리

그대가 보고 싶을 때마다 달려가 물속으로 뛰어 들어갔다.
오늘도 깊은 심호흡 끝에
충주댐 물속으로 뛰어 들어갔다.

수면을 차고 오르는 숨비소리로
반가운 얼굴이 한 손에 물고기를 잡고서
높이 하늘로 쳐들었다.

저 깊은 나의 수심에서
반짝였던
젊은 날의
쏘가리.

詩作 MEMO ─────
아무리 깊은 물속으로 뛰어들어도 빠져 죽지 않는 호수가 있다.
충주댐 수몰 지구였던 용탄동, 동량면 조동리에서의 젊은 날이 있기 때문이다.
그대 디딜방아, 치마바위에 앉았던 고운 남한강 볕이여.
강변 둥구나무에 대고 어여 어여 바람의 소리로 휘저었던 쏘가리,
꺽지, 낯익은 이름들, 나루터에 느티나무, 그리고 그대 달맞이꽃처럼
달빛에 젖었던 젊은 날을 회상해 본다.

2부

유채꽃 바람 타기

텃밭에서 쪽배를 타다

화사한 이 봄날에
나는 쪽배를 타고 연녹색 풀어놓은
텃밭을 저어가네.

사랑하는 해야.
그리운 청보리밭 노고지리
바람 타던
바다야.

내 저물녘.
다시 물결 이는 내 가슴도
녹음이 푸르게

해야
솟아라.

詩作 MEMO ─────
요즈음 하루 다르게 아띠는 녹음을 불러 모으고 있습니다. 내 저물녘
너의 녹색 바다처럼 사랑과 삶이 건강하여라.
오늘도 나는 쪽배를 타고 녹음이 짙어가는 바다로 향하고 있습니다.
사랑하는 해야. 청보리 바람 타던 옛 물결로 우리 노를 저어가자.

자목련

어데서
봄바람에 한 방.
얻어맞은 것처럼

자줏빛
눈두덩이를 해가지고.

눈꼬리
살살 흔들기는

詩作 MEMO ───────
너 딱 걸렸어. 창문 틈으로 가만히 바라보니
봄바람만 불면 자줏빛 눈두덩이를 해가지고,
눈꼬리 살살 흔드는 우리 집 자목련,
꽃봉오리.

장다리꽃

우리 집
배추
자기 속고갱이
세는 줄도 모르고

이른 봄날
장다리 꽃 물고

제주 송악산
올레길에 누굴 기다리나

푸른 바닷바람 앞에 유채꽃으로
마냥, 서 있네요.

詩作 MEMO ―――――
하우스에 겨우내 따숩게 앉아있던 우리 집 배추, 자기도 고운 봄꽃, 유채꽃이라고
노란 꽃을 소복이 물고 있네요. 그나마 겨울을 이겨낸 봄동으로 고소하게
겉절이 생각으로 아껴두었는데, 봄볕에 꽃대를 물고 온 유채꽃, 이제 억세서,
꽃도 보고 씨앗도 봐야겠네요. 그 씨앗은 내년에도 잘 필까 모르겠습니다.
이른 봄날 제주에 가면 우리 집 봄동처럼 유채꽃 물고 누굴 기다리시나.
해마다 바닷바람이 부는 그 자리에 장다리꽃처럼 서 있네요.

꽃을 먹고 산다

남새밭에
손수 기르던 채소처럼.
꽃을 기르며 나는 꽃을 먹었다.

꽃은 내 마음의 약이기 때문이다.

그대를 사랑하여 향기를
뿜어내는 것도

묵정밭
내 가슴에 마중물을 부어
갈증을 풀어주는 것도
나에게는 꽃이다.

오늘도 나는 히말라야 성황당에서
펄럭이는 오색 깃발 중에서
유독 헤집고 낡아서 가슴 아픈
바람꽃 한 알과

사모의 정이 고운 내 마음의 시집을 꺼내
소요음영하던 시꽃도 함께

가슴에 털어 넣는다,

꽃을 먹으니
가슴이 으쓱거려 바람을 사랑하고
시를 사랑하고 꽃을 사랑하는
나는

언제나
그리움이 가득한 텃밭에
방초를 다듬고

마음의 향기를 가꾸는
꿈들을 꾸며
산다.

詩作 MEMO ────
꽃을 먹는다는 것. 그건 내면에 풍요와 그리움을 먹는 것이다. 그리고
사랑을 먹는 것이다. 나는 진달래 생꽃도 따먹은 적도 있었고,
아카시아꽃을 따 먹기도 했다.
이 꽃도 저 꽃도 덖어. 차를 우려
내 속에 향긋한 차 향이 우러나도록 마음을 조용히 가라앉히는 법도 배웠다.
꽃을 먹는 일은 마음을 먹는 일이고, 사랑하고 연민하는 일이기도 하다.

진달래 꽃산

그대
꽃산에 가면

노루
한뎃잠 자던
외로운 산막 아궁이에

말없이 진달래꽃 한 짐 꺾어다 놓고

임
그리운 가슴,
원 없이 태우고 왔으면

좋겠다.

금낭화꽃

겨울 나면
돌아오신다던 임, 아니
오시고

봄볕에
임들은 다 진달래꽃,
청보리밭 바람에 일렁이는데

동구 밖 금낭화,
내 임
기다리는 이 심정 알긴 아시는지.

그립다. 소식만
줄줄이 엮은 당신의 꽃으로
내 속뜰에 보내오셨네요.

민들레의 꿈

사람 사는 바닥은
내 손등처럼 주름진 안뜰에
노란 가슴앓이 민들레 꽃.
그것도
내 그늘진 한줌 뜰도
볕이라고 솜털 피어 날리고
내 마음 알아주는 사람이 있을까.
하얀, 내
꽃자식 이쁘라, 호미 들고
잠시 길섶에 앉아
가신 임에게 투정해본다.
해는 민들레꽃처럼 화안하게 고개를 쳐들고
봄볕이 좋아, 포근한 오늘이
내일도 모레이면 좋겠다.

詩作 MEMO ———
이웃집 할머니가 알코올 중독자 아들 위해 약이 된다고 호미 들고 민들레를 캐는 그 모습에서 우리들의 어머니를 생각하게 합니다.
한낮에 봄볕은 꽃처럼 좋아
길섶에 앉아, 솜털처럼 부푼 대궁을 꺾어들고 임 가신 쪽으로
호오, 멀리까지 날려 보내며 푸념하는 아주머니 모습을 그려보았습니다.

과꽃

회식 끝 술에 취해
고샅 모퉁이 가로등을 붙잡고 빙빙 돌다가
대문을 열고 들어서니

한복을 곱게 차려입고 웃고 있었습니다.
"누구시더라?"
잡힌 손 뿌리치지 못하고 방안으로 끌려 들어갔습니다.

아침이 되어서야
취몽이었나, 별 희한한 꿈도 다 있네 하고
기억을 묻어버렸는데

오늘, 집을 나설 때
무심히, 마당을 바라보니
올해도 과꽃이 화사하게 피어
꽃잎을 살짝, 흔들고
있었습니다.

詩作 MEMO ─────
우리집 안뜰에 과꽃들이 저마다 한복을 곱게 차려입고 제 색깔을 뽐내고
있었습니다. 그 중 하나 꽃일 텐데. 하도 오래된 일이라 그런지 가물가물거립니다.

행운의 네 잎 클로버

어린 날
네 잎 클로버를 찾는 데만 정신이 팔려서
고개를 숙이고 무릎을 꿇고 있었다는 사실조차도 몰랐다.

행운은 그처럼 진지하게 나와 사람들을 사랑하고
신들 앞에 네 잎 클로버를 찾는 것처럼
기도하는 모습에서부터

행운이 찾아온다는 것도 모른 채,

나는 돌연변이로 변한
이상한 풀만 찾고
있었다.

찔레꽃

길가에 핀
그대 찔레꽃.
꽃가지를 꺾어 들고
꽃잎을 하나 따서 사랑 있다. 또 하나 따서 사랑 없다.
사랑 있다. 없다
있다. 없다.

그렇게 꽃잎을 떨어트리며
집으로 돌아 가다보면

그 단발머리 하얀 찔레 꽃길은 어느새 세월에 온데간데없고
웬 할머니 동구에 서서, 장마당 할아버지를 기다리고 있네.

詩作 MEMO ─────
참 세월이 빠르죠,
찔레꽃 하얀 꽃잎을 따며 시간을 떨구고 돌아왔는데 벌써 여기까지 오다니
그 사람은 지금 화목 보일러실 앞에 앉아 그대를 위해 온돌을 따스히 굽고 있네요.
그대, 꽃잎을 떨구며 집으로 돌아가던 맑은 시냇가. 그 단발머리 소녀가
엊그제 대학을 졸업하더니 결혼하고 바쁜 일상과 큰일 몇 번 지내고 보니
애들은 애미 되고 금세 할머니가 되셨군요. 나는 할아버지가 됐어요.

꽃 1

좋아해
꽃을 기르고 산다.
꽃밭에 나가 가만히 앉아 너희를 바라보니
곱다가도
애물단지이었다가도

그렇다고 성큼,
마음을 멀리 내보내지도 못하고, 나는 꽃을 껴안고 산다.
가시에 찔리면서도 나는 너를 꽃이라고
껴안고 산다.

그래서 임은
꽃이다.

詩作 MEMO ─────
꽃을 싫어하는 사람을 보셨나요. 임이 껴안고 사는 것. 모두가 꽃이라고,
그런 생각을 안 해 보신 임이 계시던가요.
가시에 찔리면서 껴안고 사는 게 꽃,
힘들어도 껴안고 사는 게 꽃이 아닙니까. 꽃을 가꾸다 보면 향기가 좋은 꽃도 있고.
향기가 비천한 꽃도, 밍밍한 꽃도 있습니다만 그래도 사랑하는 임만 좋아만 한다면
그건 분명, 임의 고운 꽃입니다.

꽃 2

가만히
꽃밭에 앉아
피어나는 꽃을 바라보니 갑자기
가슴이 환해졌다.

꽃처럼 피어나는 마음을 여니
그대 향기가 스며들어
나도 꽃이 되었다.

이제는 스스럼없이 당신 앞에서도 필 것만 같다.

꽃으로 사랑할 수 있을 것만 같아
코끝에 꽃잎을 가지어다가 입술에 살짝 대어 보았다.
살며시 임의 감촉이 짜릿하게
와 닿았다.

詩作 MEMO

꽃잎을 여는 것을, 꽃잎을 열어놓은 것을 바라보는 일은, 꽃밭에 나비가
날아다니는 것을 바라보는 것처럼 마음이 즐겁고 경이롭다. 삶에서 내가 꽃으로
여는 날에는 세상은 그냥 바다가 아니었다. 한여름 담금질하는 날에도
세상은 코카콜라 같이 톡 쏘며 달고 시원한 사랑의 물결이 내게도 있었음을.

바람 바람

자고 일어나
거울을 바라보니 눈두덩이가 부어있었습니다.
밤새 누굴 붙잡고 울긴 울었나 본데, 잠결이라 그런지
기억이 영 안 납니다.

바람이란 것이.
수시로 내 속으로 들어와 며칠씩 묵다 말없이 가곤 합니다만
설마 하룻밤 자고 가는 바람을 붙잡고
제가 그토록 울었겠습니까.

아무리 바람이라도 돌아서면 남이 되고 마는
그런 바람을 가지고 말입니다.

그래도 알다가 모르는 게 사람과 바람의 일이 아닙니까.
바람을 사랑하다 보니 별의별 바람들이 다 나를 찾아와
눈두덩이가 붓도록 울리고, 떠나가기도 하나 봅니다.

바람 든 무처럼 속이 허한 날은
아무도 모르게 꽃잎 소복이 떨어트려 놓고
고운 임의 봄날을 잡고 싶은
그런 앵두꽃.

순한 바람이 되고 싶은지도
모르겠습니다.

詩作 MEMO ─────
가슴속에 바람이 없는 사람이 어디 있겠습니까. 가혹 가다가 보면
그냥 바람, 그런 바람이 아닌 우리 바람이 내 속으로 파고들어 와
눈두덩이가 이렇게 붓도록 임을 울리고 떠나기도 하나 봅니다.
어쩌면 바람은 임의 우리 속에 가두고 임을 사랑하고 싶은
바람일지도 모릅니다.
바람이라면 고운 바람도 있고 미운 바람도 있고,
봄바람도 있고 겨울바람도 있겠지요. 오늘처럼 남녘 바람을 그리워하다 보면.
윗녘 우리 시어머니, 시샘 바람도 가끔은 생각이 나겠지요.
바람을 좋아하다 보니 별의별 바람도 많지요.

오솔길에서 그물을 짜고 있는 환삼 가시덩굴

삶은
치유의 과정입니다.

그래서 서로 상처받기도 쉽고
생각 없이 그대에게 상처를 주기도 쉽습니다.
용서하기도 힘들고
용서를 구하기도 쉽지 않습니다.

발길이 뜸해서 오솔길을 가로막고 바람을 가두려고
그물을 짜고 있는 환삼덩굴에서
용서와 이해보다 먼저 소통의 길을 피해 가는 나를 바라보며
환삼덩굴이 우거진 수풀로 들어간 일이 있었습니다.

용기란 내가 먼저, 죄송과 용서를 구하는 데서부터
시작하는 것이 아닙니까.

사랑은 저절로 지켜지는 것이 아닙니다.
용기가 있는 자만이 그대와 사랑을 계속할 수 있습니다.
당신은 충분히 감사를 받을 수가 있고
감사를 할 수 있습니다.
용기가 있으시니까요.

소루쟁이

나 흰 구름,
재 넘어가는 선홍빛 길에
아무 쓸데없는 소루쟁이로 들길에 앉아서.
나에게 잠시 쉬었다 가라고
바람을 잡고 손짓하는데

그대 찔레꽃, 향기 담을 여유도 없이
찔레 덤불에 가시만 보면서, 정신없이
고개를 넘어왔네.

지금은 보풀 한 짐 이고 가는 세월,
이제 나도 들길에 천박둥이 소루쟁이가 되고 보니
꽃도 없는 임의 맨 바람을 잡고
철없는 이파리만 흔든다.

詩作 MEMO

소루쟁이라고 들풀이 있다. 약초라고 할까. 잡초라고 할까. 애먼 나잇살도 이 둘 중에 하나의 이름, 사람은 나이를 먹을수록 자꾸만 멀리, 그대로부터 낯선 곳으로 밀리어간다. 나이테가 쓸데 있든 없든 간에 긋는 것은 소루쟁이처럼 당신도 젊은이들로부터 점점 멀어져 가고. 군내가 나는 걸까. 왜 마음은 갈수록 경직되고. 생동감이 점점 더 떨어지는 걸까. 한 번쯤은 더, 있을 법한 선홍빛은 소루쟁이에게는 정말 없는 걸까. 그리움을 찾아 빈손을 흔드는 오늘도. 나는 의미 없는 맨 바람만 잡고 이파리만 자꾸 흔든다.

산딸기

세상을 천천히
고운 눈으로 바라보며 지나가다 보면
오롯한 산길에는 멍석딸기가 널려있을 것입니다.
당신의 손에 쥐어진
달콤한 풀꽃 사랑도 가득할 것입니다.

인생이란 산의
삶을 오르고 내려오는 길에
당신은 그 딸기로 하여금 발걸음이 상큼하고
행복한 인생으로 즐거울 것입니다.

내일로 가는
세월의 단내가 흐르고
즐거운 삶이 이어질 것입니다.

당신은
산딸기 곁을 지나가면서
열매도 붉고 고운
것보다

산딸기의 가시덤불 먼저, 임을 바라보시었다면
가시에 찔리실까, 아프실까,
사랑의 길을 피해가셨을 것입니다.

사랑하고도
덤부렁듬쑥한 산에 들어가도
청량함을 느끼지 못한다면

애초부터
산에 들어갈 일도 바다에 가실 일도 아닙니다.

하루를 조용히 쉬시면서 내일을
충전하셔야지요.

꽃의 관조 1

모두가 잠든 사이
오롯이 시를 쓰고 정리하고 있는데
등 뒤에 나를 바라보는 시선을 느꼈다.

고개를 뒤로 돌려 바라보니
며칠 전 내가 화병에 꺾어다 꽂아놓은
겨울 목련 나뭇가지 그 아래 아린이
눈물 흔적처럼 꽃망울이 부풀어 오르면서 떨어졌다.

꽃의 아린에서 시절인연이라는 눈부신 속살이
찔끔 터져 나오는 임의 상처를 바라보았다.

꽃잎이 땅속으로 들어가지 못하고
땅 위에 떨어져야 하는
사랑을.

詩作 MEMO
모두가 잠든 사이 화병에 꽂아놓은 꽃이 내가 바라보지 않을 때도 나를 뚫어지라 바라본다. 그렇게 몰래 사랑해야 하는 이유가 무엇일까. 춤추는 분수가 다시 물줄기 속으로 들어가지 못하고 땅에 떨어지는 것처럼, 꽃이 땅속으로 들어가지 못하고 땅 위에 떨어지는 것처럼, 사랑은 고고하고 초연한 것이 아닐까. 맺지 못할 사랑일수록 얼마 남지 않는 초승달 가는 빛이 눈물처럼 고여 있다. 감히 울음이라고 표현할 수가 없었다.

꽃의 관조 2

엄동에 꽃망울이 소복한.
겨울 목련 한 가장이를 방 안으로 꺾어 가지고 들어와
순수가 스치고 지나갔을 깜찍한 나의 유년에 꽂아놓고
꽃이 피길 기다린다.

어느 날인가, 화병 앞에
너를 감싸고 있던 아린 하나 살짝 떨어져
우윳빛 꽃의 눈길과 살짝 마주쳤다.

촉촉하게 부풀어 오르던
세월의 꽃망울에는
어느덧 희아리

백설이 머리에 히끗히끗하다.

詩作 MEMO ─────
연탄난로 하나 들여다 놓고 책과 식물들에게 다정한 눈길을 주었더니
거울도 다정한 눈길로 되받아주었다. 내 마음이 거울이거늘
사랑이면 오죽하겠나. 어느 날인가 거울이 나의 발걸음 소리를 먼저 알아듣고
창가에서 젖을 빨고 있는 아이들에게 햇살이 반짝이다가
화안한 얼굴로 나를 맞이하라 했든가. 하여튼, 그랬어요.

살의 일

해 묵어갈수록
땅으로 파고드는 나무가 있습니다.
진정한 나를 찾아 가는 일은
마음의 해 물 볕을 받아 복령을 만들어 내는
살의 일입니다.

고운 바람에
바늘잎 살랑 흔들려도 부끄러움을 아는 나무가 있습니다.
나를 아는 고상한 나무
고개를, 허리를, 곱게 가지를 휘어
더 아름다운
나무.

살의 일입니다.
고운 것이 숙여서 마음의 솔향이 더 그득합니다.

詩作 MEMO ────────

제가, 계간지 문학사랑에서 2016년 문인과 독자 500명이 뽑은 우수작품상을 받게 되었습니다. 좋은 기분 먼저. 부끄러움이 자꾸만 아래로, 아래로 뿌리를 내리라고 나를 밑으로 누룹니다. 그래서 땅을 파고드는 일은 나무의 일도 되지만 우리들의 일도 됩니다. 이는 모두 아름다운 살의 일입니다. 시냇가에서 갓 씻어나온 것들이 무엇이 있나. 잠시 생각을 해 보는 오늘은 봄비 오는 날입니다.

가을 속 뜰의 구절초 꽃

소슬한
밤 뜰에 나가면
임의 향기 가득하다.
아하 좋다! 크게 들숨 날숨 해 보니

해져서 구멍이 난 나의 러닝셔츠를
아직도 버리지 않고 달빛에 비친 구절초 꽃,
당신의 하얀 내심을 바라보니
아직도 임의 그 향기로 입고 있었군요.

오늘 밤도
바람이 앉은 임의 속 뜰에
떠나지 않는 꽃향은 그윽한데

임의 꽃, 내 가슴에 이는 가을밤

달빛에 온 무리로 모여
더욱더 하야니
풀벌레 소리조차
애틋하고
시리다.

유채꽃 바람 타기

가만히 앉아
그대를 바라보며
가슴에 잡초 하나 더 뽑은 건데.

우리 남새밭에 상쾌한 바람이 들어와
두 뼘이나 넓어진 초록이 촉을 틔우며
화안한 얼굴로 다가와 내게 웃네.

내 들녘에
햇볕 한 점, 물꼬를 살짝 열어놓은 건데
그대는 그리운 시냇가
꽃으로 세안하고 달려와 부챗살 물결
가슴에 이네.

마음은 언제나 봄볕으로
삼동을 이겨낸 고소한 봄동에서

유채꽃 물결 활짝 웃으면
당신은 바람 타고
나비가 되어 오실 거네.

노오란
꽃잎 물결 타고
오실 거네.

詩作 MEMO ———

유채꽃 물결을 바라보면 내 마음은 그대를 향하고 사랑의 시선이 가득하지요.
유채꽃 바람 타는 나비. 그런 봄동이 삼동을 지탱할 힘은 어디서 나왔을까요.
아마도 들녘 위에 서핑하는 임의 파도타기. 싱그러운 봄날. 노란 거품 꽃물결.
모든 것들은 곱게 흔들리고 싶은 당신의 사랑이 아니고서야 어찌
그렇게도 이쁘게 꽃을
피우겠어요.

벽오동 잎새와 쥐똥나무 잎새

섬과 신들의 고향
인도네시아 발리로 여행을 떠나는데.
공항에서 애플망고 잎사귀로 환전하려고
벽오동 잎 몇 장하고
쥐똥나무 이파리를 여러 장을 내놓았습니다.

환전하는 직원이 나를 한참, 멍하니 바라보다가
바나나 잎새를 가지고 오시면 어떠냐고
오히려 나에게 되묻습니다.

내 뒤로 줄을 서고 순서를 기다리고 있는
사람들의 여행이 지체될까 봐 미안해서
더는 치근거릴 수도 없었습니다.

공황 로비에 시무룩이 앉아
집에서 가지고 온 벽오동나무 이파리
그리고 쥐똥나무 잎새를 가만히 바라보며

인정도 녹음이
늘 푸르고 푸른 보석 눈빛 짙은

바다 한가운데, 앞가슴이 코코넛만큼이나
크게 솟은 그대의 외로운 섬에서

맹그로브 숲 사이로
훈풍이 불어오는 사랑의 물결로
아리랑거리는 서핑을 즐기며

초저녁부터
나를 따라다니는 샛별과 함께
방갈로 하나 아담하게 짓고 살고 싶었습니다.

밤하늘에
쏟아지는 별을 먹고 사는 사람들과
문명의 이기도 없는 순수의 하얀 물거품과
물결만 일렁이는 바람이 되고
싶었습니다.

배추 달팽이

애초 텃밭에 심기를
속살이 더 노란 배추 모종을 사다가 심고
가을 가뭄에 물까지 날라다 주며
고갱이 차기를 기다린다.

요즈음 날씨가 좋아
집 안에 있어야 할 달팽이가 통째로
제집을 등에 짊어지고 와서 별장처럼 드나들며
아침 출근 시간에 동그란 야근 도장을 찍고 간다.

나는 올해도 배추 농사를 망칠까 싶어
너의 집으로 돌아가라고
열심히 몰아내지만 그놈은 좀처럼 떠나려 하지 않는다.

아침과 저녁, 바람이 점점 쌀쌀해지자 민달팽이란 놈까지
자기 집을 버리고 들어와서 아예 배추 속살 속에 들어가
신접살이 하는 놈도 있다.

고갱이가 더 알이 차기 전에 달팽이를 잡아야겠는데
배추 속살 깊이 파고들어 간 놈은 나도 어쩔 수 없어
두 손 들고,

배추 허리에 금줄을 하나하나 묶어 놓으며
무공해란 함께 먹고, 서로 나누며 사는 것이라고
애써 변명을 늘어놓으며 체념을 한다.

세상에서 제일 아늑한 곳에
노란 속살을 파먹으며 춘자 엉덩이를 두드리며
꿈을 꾸는 그 행복 때문에

그놈은 김장 배추와 함께 염장하는 부담을 안아도
아무 생각이 없이 세상을 살아가는
가장 행복한 놈이다.

이제, 그 배추로
붉게 버무린 김치를 먹으며
나는 봄을 기다리고
달팽이의 꿈도 함께
꿀 것이다.

회후

봄바람 불자
겨우내 처마에 움츠렸던 바람,
봄볕에 마음을 놓고 떠나 갈,
돌아갈 수가 있어선지,
홍매화꽃으로 상기된 모습이었습니다.

이제 그의 계절이 바뀌어 떠나가는 꽃의 모습은
나도 처음이었습니다.
어느 누구든 돌아갈 곳이 있다는 건 그리운 일입니다.

언제인가 저도 돌아갈 때
아늑한 저물녘 고갯마루 노을처럼
꽃으로 상기되었으면 합니다.

그대와 해후하는 날, 저의 얼굴에도 잠시 홍매화,
상기된 임의 모습으로 가겠습니다.

詩作 MEMO ───────
오늘 일하다 보니, 겨울바람을 보내며 홍매화 꽃망울이 볼그스름하게 부풀었더군요. "떠나가는 겨울바람의 상기된 친구" 모습이었습니다. 봄볕에 홍매화꽃으로 져도, 다음 바람도 그렇게, 얼굴에 홍매화를 피어놓고 고운 해넘이로 떠나가겠습니다.

향유꽃 그대 석양에 함께 서면

서산에 향유꽃
붉게 타는 해거름에 나도 서서
바람과 함께 흔들려, 꽃물 들이는 일.

그게
나를 곱게 피우는 일.

임 사랑하는 일.

詩作 MEMO ———
꽃을 피우는 일은 대단한 일이다. 석양 그대 옆에서 꽃처럼 물들어가는
한 장의 이미지 배경처럼. 나도 함께 물들어 간다면 얼마나 아름답겠는가,
물들어 가는 일은 내가 나를. 그대와 더불어 사랑하는 일도 된다.
서산에 노을처럼 붉게 피어 바람과 함께 흔들리는 향유꽃 그대,
석양에 함께 서면.

호박꽃

산밭에 김을 매는데
우리 아줌마,
수풀 사이를 두리번거리다가
갑자기 잎이 무성한 호박 밭고랑으로 들어간다.

솥뚜껑 같은
저 넓은 이파리에 가려
그곳에서도, 또 앉아서 풀을 매는지
머리만 바람에 흔들거린다.

나는
호박 덤불 속에
벌레라도 나올까 싶어
여보, 그만 나오라고 소리를 지르자.

우리 호박꽃들도 깜짝 놀랐는지.
넙데데하고 누런 호박 한 덩어리가
바람에 수풀을 제치고
벌떡, 일어나네요.

망초꽃 계절

유월은
망초가 물결을 이루어
우리들의 가슴에도 피고 지고 별꽃이 되어 흐릅니다.
오늘도 들길을 걸으며
부르는 내 노래 망초 망초 개망초.
바라보는 이, 꽃을 즐기는 이, 없어도
여기저기 무더기로 피어나
바람에 흔들리는
나의 꽃.

망초 망초 개망초.
한줌 고이 잡고 입술 가까이 대고
흔들다 보면 간지러운 웃음소리
누이 냄새가 나고

어느새, 보릿고개 넘나들던 하얀 바다가
지금 산 들에 가면 온통 지천이고 꽃물결 일렁이며
길녘을 지나가는 세월의 바짓가랑이를 붙잡아
나도 모르게 응얼 응얼이가 됩니다.

안개꽃 나, 알 것만 같네

비암사 입구
돌계단 위에 늙은 느티나무, 푯말을 앞에 두고
비바람 맞아 가며 임을 기다리고
낮에는 흐르는 구름을 바라보고, 밤에는 달을 가지에 걸고
등 밝히는 그 이유를 나 이제 알 것만 같네.

그리움은 그리움 따라 산에 가면 산에 가서 살고
바다에 가면 바다에 가서 살고
바람 따라 간다는 것을 나 알 것만 같네.

임 오는 날
잿빛 하늘에 바람은 솔가지를 흔들고
눈꽃 휘날릴 때 산까치도 울고

나,
이 땅에서 당신과 가슴을 섞고, 몸을 섞고,
백 년 세월 속에 그리운 나무 심어
꽃은 해마다 피고 지고
나 이 땅에서 안개꽃
알 것만 같네.

강물이 흘러 바다로 돌아가면
밀물이 안개꽃 물결 일으키며
님 마중 나왔다,
썰물에 일렁이며 돌아가는 그 이유를 알 것만 같네.

조약돌 바다가
천 년을 두고 몽돌을 미는 그 이유를 알 것만 같네.
그토록 임을 기다린 이유를 나 알 것만 같네.

임 훗날
우리 산에서 만나요.
인연을 기다렸던 정 반가워서
송홧가루라도 바람에 흩날리며 울어야지요.

우리 바다에서 만나요.
그럼 일렁이는 물결 잠재우고
갈매기라도 임 마중
보내야지요.

호박아재의 애호박

여름내
뙤약볕 핑계로
호박아재는 봉당에 축 늘어져
자꾸만 지친다고 하더니

담장 넘어 박꽃 핀 연분네까지 덩굴손 벋어
허리 감아 올라가는 줄
나는 까막 몰랐네.

계절 끝물에서 아재는
임자 없는 애호박 하나 풀밭에 있길래
주워왔다고 해서 바라다보니

주먹만은 해도 윤기가 짜르르 흐르고, 푸른 게

배냇짓인지 포대기처럼 널은 호박잎에 싸여서
날 바라보며 방글거리는 모양이
마치 아재 돌 때 찍어놓은
사진 같더라고요.

비 오는 날, 아침에

똑똑 도로록 빗소리
새벽부터
내 목화꽃 속으로 들어와

연한 이파리 촉촉이
아이들 머릿결을 곱게 내리 빗질해 주고
떨어지는 방울 방울마다 은방울
애잎 끝에 머리핀 곱게
달아주는 아침에
나는 가만히 두 눈을 감고 있었네.

여보, 애들 잘 챙겨 주었어?
응.

분홍장화 두 켤레가 우산 걸음으로
백일홍이 곱게 핀 꽃밭을 지나가며
은방울 떨어트립니다.

詩作 MEMO ―――
아침부터 빗방울이 아이의 머릿결을 빗질해 주듯 내리고 있습니다.
목화꽃 이불 속에서 나는 아직도 가만히 두 눈을 감고 영롱한 물방울처럼
대롱대롱 매달린 우산 끝에 우리 순한 아이들.

3부

모서리가 접힌 책

늦은 봄날

우리
처갓집 안방에서
훤히 내려다보이는 안뜰에

누굴 기다리시나,
온종일 햇볕이 산들바람 데리고
맑게 내려와 앉아있다.

생전에 어른이 심어놓으신 후박나무
이파리들의 그림자가
발자국처럼, 땅바닥에 이리저리
서성이는 앞마당에서

어른이 환하게 웃고 계시는
따뜻한
봄날입니다.

詩作 MEMO
며칠 전. 처가에 장모님 뵈러 갔다가 앞마당을 바라보니 늦은 봄볕이 따뜻하고.
환하게 눈에 들어온다. 포근한 날, 민들레 샛노랗게 피고, 바람은 어디서
불어왔는지, 어른의 후박나무 이파리가 맑은 하늘에 대고 발자국을 찍고 계셨다.
이파리가 잔물결처럼 바람에 봄을 보내는 연습인지, 반짝이는 늦은 봄날입니다.

생선초밥, 처갓집 소묘

헤집고 야트막한 저 슬레이트 지붕,
처갓집에 들어갈 때는 언제나 고개를 숙이고
나올 때도 고개를 숙이고 나오는 처마,
지금은 장모님이 혼자 계시다.

모처럼 처제가
장모님 앞에서 생선초밥을 만들어준다고 연락이 왔네요.
그렇게도 임의 가슴을 에던 지난날의 살점도 곱게 발라서
함께 얹어준다네요.

개구리 울음소리.
발목까지 빠지는 장인어른의 고논에서
임이 흘리신 땀내를 달빛에 열심히 주어다 뿌리며
거둔 쌀로 우리라는 마음의 손안에 맨자지미로
조물조물 송편처럼 곱게 만들어 함께 얹어준다네요.

변하는 게 사람의 마음이라지만
살아생전 너희 우애는 변하지 말아라. 엄한 어른의 다짐에
우리 서로 외롭지 않도록, 변해도
곱게 변하자고

고운 말 사랑을 살짝
한술 더 얹어, "그거 예술이다."
말 한마디마다 우리 처제, 동서, 동서,
둠벙에 고인 달빛을 먹고 자란, 쌀처럼
차진 마음의 윤슬도 함께
얹어준다네요.

詩作 MEMO ─────
형제, 가족이 오히려 애물단지일 때가 더 많다. 잔솔가지처럼 쉽게 타고 꺼지기도
잘한다. 그만큼 서로 부닥치고, 마음을 서로 힘들게 하며, 그렇게 사는 것도
타인들보다 더 많다. 이유는 모두 다, 사랑에서부터 시작이다.
사랑해서 마음이 놓이고, 가깝다 보니
작은 물결에도 흔들리며, 더 멀리 마음도 흘러가는 죽은 나무토막 같은 것.
그래서 가족은 더욱이 용서를 해야 한다는 것이다.
다만 그 소소한 일을 반복해서 미워하는 구석을 깊이 만들지 말아야겠다는 것이다.
미워도 이때는 그리움과 연민이다. 연민은 결코 사랑을 되풀이하라는 게 아니다.
연민과 사랑은 너무 다른 말이다. 그를 깊이 사랑해서 몸도 마음도 가까워져,
내 형벌처럼 아프면 다시 사랑해도 나쁘지는 않다.

* 맨자지미 : 맵쌀로 지은 밥. 하얀쌀밥 〈함경도 방언〉

겨우내 녹슨 쟁기 보습에 윤이 날 때처럼

해 질 녘,
돌아오시면.
쟁기를 잘 추슬러 놓으시고
우선 낫부터 꺼내 숫돌이 해어지도록
내일의 날을 세우시던
장인어른

비 오는 논다랑이
개구리 울음소리 요란한
어느 제

슬은 쟁깃날에 숫돌을 꽂아 놓고
바다에 가시더니
그곳에서도 나에게 하실 말씀이 계신지
하염없는 날을 갈고 계신다.

지금도 바닷가 그 백사장에 가면.
사르르 물거품을 물고
밀고 당기며 모래톱 물결을 만드는
풍경은

겨우내 녹슬은 쟁기, 보습에 윤이 날 때처럼
열심히 삶을 꾸리라는
어른의 다짐이셨다.

詩作 MEMO
겨우내 녹슨 쟁기 보습에 윤이 날 때 쯤이면 비 오는 논다랑이에 개구리 울음소리
요란한 적도 있었다. 지금도 처갓집 수돗가에 가면 슬은 쟁기날에 숫돌이 아직도
꽂혀 있다. 난 귀로 듣지 않아도 다 알아듣는다. 장인어른의 그 속내를,
철없는 사위, 나는 왜 그랬을까? 늦게 철들어서.
지금도 바닷가 그곳에 가면
나를 살살 어우르는 어른의 소리를, 그
 다짐을 듣게 된다.

죽을 쑤시는군요

우리 사돈네는 순천에 사시고
내외간이 열심히
소를 기르고 계시는데
그 소들이 우리 사돈 내외의 코뚜레를 잡고
일을 부리고 있답니다.

때마다 끼니를 거르지 않고
쇠여물을 챙겨 나르시는데

일 년 내내
어디 나들이 다녀올 틈도 없이
소들이 그분들을 사료 창고에 가두어 놓고
열심히 죽만 쑤라고 합니다.

詩作 MEMO ———
가만히 생각하니 죽 쑤는 사람이 우리 사돈만이 아닙니다.
저도 겨울에는 열대식물들에게 잡히어 혹시나 연탄불이 꺼질세라,
꽃같이 붉게 피우고 앉아 책을 보니 남들은 신선놀음처럼 보이실지 몰라도,
사실 따지고 보면 그 연탄불에 나도 죽을 쑤고 있답니다.
순천에 보상스님한테, 대구에 권상욱 사진작가와 함께
식사나 하자고 약속을 하고도 나갈 수가 없습니다.

부부 쌈

쌈 채소 코너에 갔더니
유통기한이라는 것도 없이 팔더라고요.

쌈 채소는 고객분들이 알아서.
싱싱한 것 눈으로 골라 사가라는 뜻으로 그랬거니
생각하며 집으로 돌아가다가 한 가지 생각이
문뜩 떠올라

쌈 채소를 산 마트
냉장실 앞으로 다시 돌아와
잠시 기웃거리다가 살짝 써넣었지요.

유통기한은 딱 하루다.
그 밑에 작은
글씨로
부부
쌈.

아내와 겨울바람

우리
추운 바람
문풍지로 울어댈까,
임도 모르게
주방에서 살며시 창호지로 틈을 바르니

방 안에 두 내외가 따뜻한 온기로 내가 대견하다.
무언가로 겨울을 막아놓았다는,
임의 입을 살짝 예쁘게 막아놓았다는
안도감에서

마음도 편하고
오늘 잠이 잘 올 것 같다.

아내가 반쯤 내다보이는 주방문 앞에서
내가 나도 알게 모르게
시래기 처마에 겨울 내기까지
살며시 매달아 놓았던
그날처럼

詩作 MEMO

어디 안사람이 그렇게도 무섭기나 하겠어요. 알아서 척척하니 오늘도 돌아와
피곤해 있을 아내를 위해 주방에 윤이 나게 설거지까지 미리 해 놓았지요.
무언가 해 놓은 빛깔이 내가 씻어놓은 밥그릇처럼
그녀의 일상 숨비소리도 반짝이고,
유리잔처럼 맑고 투명한 집안에 온기가 가득하고 말수도 서로 리듬을 탄다.
사랑은 파도에 부서지는 코카콜라처럼 시원하고,
시냇가 잔잔한 물결도 가끔 임의 여울목 소리로
달빛에 그리워야지요.

우리 집 호박, 마음에 분 바르고

약이 될까,
곱게 늙은 호박 하나 따서
안방 화장대 옆에다 꽃처럼 올려놓고

아내가 화장할 때마다
자연스레 호박도 함께 바라본다.

노을 바른 우리 집 호박
분이 곱게 피어올라 예쁜데

해묵은 호박 속살은 아직도 괜찮은지,
궁금하여 살살 두드려보았다.

똑똑 몸매 가벼운 소리에
옆에서 "왜 툭툭 쳐요" 내게 묻는
아내를 바라보며
"그냥 우리 호박이 참 예뻐서."

詩作 MEMO
건강하고 말 잘 듣고 사는 아내가 화장대에 올려놓은 묵은 호박처럼 예쁘다.
해 넘어갈수록 분이 피어오르는 것은 우리 집 늙은 호박만도 아닐 것이다.
내 마음도 따스한 아내의 온기를 받고 사니 꽃을 피우는 건, 분을 피우는 건,
오히려 내가 아닐까.

꽃길

여보, 눈이 와요, 목화꽃 같아요.
그러다, 질퍽한 길에 연탄재를 깔기도 하고
또 눈이 소복이 덮였을,

싸락눈 바람에 날려 몸도 마음도 시렸던 길들,
함박눈 알갱이 서로 하나씩 속눈썹에 들어가
이슬로 반짝였을 당신과
나의 햇볕과
눈과 비와 바람의 길들

그 길 모두 당신이 계셔서 행복한
나의 꽃길이었어요.

詩作 MEMO ————
살다 보면 눈 하나를 가지고도 삶을 말할 수가 있겠다. 생각이 들더군요. 함박눈 내린 다음날 질퍽한 길이 싫어서 눈이 오는 서정을 마다하는 사람도 당연히 있죠. 골목길 빙판을 이르고 제설작업도 그냥 장난이 아니죠.
어차피 삶이 그럴진대.
나무랄 일 만도 아닙니다. 그래도 나는 눈이 오면 좋아하다가도
질퍽한 길이 싫다가도 겨울 가뭄이 심각한데, 잠자고 있는 꽃눈들은 좋겠다.
그런 보살 같은 생각도 합니다. 눈이 내리는 나라에 살아서 행복하다.
그곳에 당신과 내가 함께 사니 너무 좋단 말입니다. 좋으니 그게 꽃길이지요.
임, 지금 살고 계신 길이 꽃길이 아니시면 제가 꽃씨를 보내드리지요.
당신은 당신이 가시는 임의 길가에 그냥 뿌리기만 하세요.

살겨 말겨

사람들은 먹고 사는 것 때문에
조금은 더 복잡해.
언제나 당신은 좋아도, 살겨 말겨, 싫어도, 살겨 말겨,
가슴에 마음을 물리면 비리다나. 그래도 난 가만히
당신의 쌀독 안에 있습니다.

오늘도 부엌에 나가 쌀을 비비며 살겨말겨,
자기자기 자기야 그런 쌀 씻는 소리로
당신에 대한 탁한 마음도 헹구고
섭한 마음도 헹구고

그것도 힘이 부치면
뜨물 먹고 자기자기 자기야.
연둣빛 시절, 복사꽃 볼우물 짓던
당신의 모습이 생각납니다.

그동안 당신을 아끼며
비빈 만큼이나 나는 더 참아야 할 것 같습니다.

우리 서로 마음을 비비면 이뻐서 뜸도 들이고
숟가락 들고 한솥에 밥상머리 아이들과 들러앉아

여보 당신하고 또 몸을 비비며
살아야 하니까요.

난 오늘도 당신에게 꼬들꼬들거려
항상 된밥 같지만 막상 가슴을 열고 보면
고슬고슬 윤기가 짜르르 흐르고
마음도 포실포실합니다.

詩作 MEMO ————
오늘 아침도 작은 바가지를 들고 쌀독을 엽니다.
쌀 씻는 소리가 자기자기 자기 자기야.
당신 귀에도 그렇게 들렸다면 행복한 지금 당신의 여왕벌은
거울 앞에서 날갯짓.
기분이 좋으면 살겨 씨, 나 이뻐.
나쁘면 말겨 씨.

가을밤, 비 오는 날에

여름비도 아니고
가을밤 빗소리가 창밖에 깨 터는 소리로 들린다면
지난날 그리운 정도
귀가 어두워 나이 탓이라 할런가.

오늘따라 양철 지붕에 흐르는 빗소리도
자근자근하는 날에는 희끗희끗 머릿결 가슴에도
지난날에 검은깨 빛이 흐르고

볕에 말린 화안한 우리들의 꽃대궁,
한 손에 한목을 잡고
마음이 여린 막대기로 토닥 토닥거리면
담홍색 그리운 등불 곱게 여문 씨앗들이 쏟아지네.

당신과 나, 함께 심은 지난날들의 고랑 고랑마다
고소하다. 마주한 얼굴, 골 죽지 마라.
우리 참깨밭 빗물에 골 죽지 마라.
우리 사이 쭉정이 생길세라,
서로 애태웠던 마음.

가을밤 비 오는 날에
잠 못 이루며 서성인 가로등 불빛은
동글게 동그라미 그린 흔적들이

빗물에 반짝이며 임의
가슴에도 흐릅니다.

삶은 누구나

삶은 누구나
투병 중이라고 하지 않던가요.
남은 살이를 마음의 병상에 눕히지 말고 길을 나서야겠어요.

이제 저는 목발을 짚은 당신을 데리고
소슬한 그늘에서 볕이 내리 앉아 있는 고운 뜰로
휠체어를 밀고 나서려고 해요.

언제나 우리들의 세월은
갈수록 희망이 생기고 괜찮아지겠지요.
그렇게 내가 물으면,
당신은 묵묵하다가 내 눈동자를 바라보고
좋아질 거야,
나를 실망하게 하지 않으려고 하겠지요.

먼 훗날 내가 햇볕이 되었을 때
조용한 창 쪽, 작은 바람으로 머무는 당신을 데리고
마당 한 쪽에 해마다 꽃씨 같은 마음이 떨어져
당신이 좋아했던 작은 꽃, 그 채송화
여러 가지 색깔들이 화사하게 볕을 물고 있는
나를 바라보게 할 거예요.

잠시라도 그렇게
당신은 내가 있어 그늘과 볕을 오가며
날아다니는 노랑나비가 되었다가,
꽃이 되었다가,
나를 "피고지고"라고 불러 달라고 할 거예요.

당신은 당신의 목발도 잊은 채,
우리를 아니, 이제는 나를 그때처럼
내가 당신을 밀어주었듯이
당신도 밀어주시겠지요.

詩作 MEMO ————
이제 생각해 보니, 우리들의 삶은 언제나 투병 중이라고 생각해요.
마음을 곱게 하라는 약을 먹으며 살아가는 게, 인생이라고
그렇게 우기고 싶어질 때도 있어요.

바람만한 그대

겨울
언 밤에 잰걸음, 그대
성에 낀 창문에 대고 입김을 호오 불면

동그랗게, 동그랗게 그려진 눈부처 그 안에
집으로 돌아가는 길에도 임이
오는 길에도 보일 거라.

숭어리숭어리 한 대궁에 핀 우리 송아리들
오물오물 오물거리는 모습이 보일 거라.

눈가에 단 팥 터진 붕어빵 봉지를 품고
고샅 모퉁이에 앉아서
큰 길가를 바라보면

우리 아이가
금방 내게로 달려올 것만 같은
따뜻한 생각들이 보일 거라.

사람 사는 게
언제나 바람만바람만 하고

겨우겨우 그래서 그런지
입김 서린 가슴을

두 손,
봉창에 집어넣고 어깨를 움츠린
우리들의 함묵한 일상은
불빛 스미는 포장마차를 지나

바삐 지하철역 입구,
계단 아래로
내려간다.

우리는 곱기만 한 당신

세월의
강을 흘러가면서
샛강을 만나면
여울목 잔잔한 물소리 내고

우리 마음이 산같이 푸르러
꽃이 나에게 물으면 향기로 대답하고
살랑바람이 물으면 나뭇잎 고운 몸짓으로 대답하고

당신이 시로 물으면 나도 시로
노래로 물으면 나도 노래로
화답하고

당신의 그 웃음에
꽃의 얼굴로
화응하는

우리는
곱기만 한
당신.

반딧불이 산

해마다 그 산에 가면 반딧불이 꽁지에 불 켜고
이 계곡 저 계곡을 헤매네.
앞 방죽 뒤쪽 방죽 쓸쓸한 숲정이 돌아
외로운 사랑 찾으러 돌아다니네.

누군가를 위해 등불 하나 되려고
제 몸에 불을 사르고

산이 되려고 산 그림자를 쫓아다니며
메마른 곳 불편한 곳 누군가를 위해
방죽이 되려고, 꽁지에 어둔 길
불을 켜고 돌아다니네.

작디작은 내 반딧불 빛이라도.
세상 환한 불빛이 되려고
오늘도 글썽이는
선생님의 산.

詩作 MEMO
오늘도 묵묵히 타인을 위해 봉사하시는 임과 진료실에서 쉼 없이 환자를 돌보시는 선생님 모두는 반딧불이 산이십니다.

나를 만들어 가는 과정에서 윤슬처럼

임아,
천천히 가슴에 물을 주며 원석을 키워가면서
보석처럼 다듬은 다음에
꽃을 얻어가야, 그게
나의 노래가 되는 거야.

바람은 정말로 아프고 눈물다워야지
매지구름 지나가면 쌍무지개 뜨고
세월도 촉촉한 눈빛 윤슬처럼
반짝이지.

내가, 아래로 흘리는 눈물이
하굿둑으로 내려갈수록 샛강이 하나 더 만들어져
마음이 고운 합강이 되어 바다로 흐르지.

삶은 기울어진 나를 일으켜 세우고
그대 상처를 사랑하며 치유하는 과정도
우리는 그리움으로 만들어
가야 해.

임이시여

오늘 하루를 소유하면서.
덤으로 햇볕과 바람도 얻고 돌아서려는데
임의 사랑까지 더 올려주시네요.
나의 임이시여.

나는 어떻게 임에게 보답해야 합니까.
감사의 햇살과 구름을 바라보면서
하루를 곱게 피고 지는
꽃으로

임을 화사하게 바라보는
꽃으로

삶의 고갯마루에 제비꽃처럼
오롯이 앉아있다가
향기를 풀어놓고 가라고 하십니다.
나의 임이시여.

거울 앞에서

당신을 꽃으로
꽃을 바라보는 다정한 눈길로
그대를 바라보고 있는 나를
거울을 통해 바라보니 그대도 나를
꽃으로 바라보고 있네요.

詩作 MEMO ─────
내가 다정한 눈길로 그대를 바라보고 있는데, 거울에서도 내가 바라본 대로
그대가 나를 다정한 눈길로 바라보고 있다는 생각이 드네요.
내가 꽃으로 말하면 그대도 꽃으로 화답하듯이,
내가 꽃이 되기 위해서는 모든 사물을 꽃으로 바라보아야 합니다.
거울에서 바라보는 자신의 모습이 혹시
그대 꽃의 모습은 아닌지요.

그리움

쓸쓸하고
적막한 저 밤길에서
창문을 열어젖히고 휘휘한 달을 걸었다.
월척이다.

커다랗게 동심원을 그리며
묵직하게 딸려 나오는
그가

혼자서, 휘황한 밤길을
뚜벅이며

나에게 다시
되돌아올 것만 같은
마음의 물결

그리움이었다.

고추 이야기

텃밭에
정성을 들이고
가을볕에 색깔도 곱게, 일일이 말리고
입동이 오자 방 안에 고추를 쏟았다.

나는 고추 꼭지를 따고
당신은 고추에 묻은 먼지를 수건으로
하나하나 닦아내며

우리 젊었을 때 당신 얘기,
내 얘기, 어렵고 힘들었을 때
애들 얘기, 이웃 얘기

방 안은 덥고 매운 열기로 가득하고
금세 눈가에 이슬이 맺었다.

비단 고추 매운 것만은 아니었을
우리들의 이야기,
오늘따라 마른 고추가 더 붉어 보이고 윤이 난다.

이제 방바닥에 떨어진
깨알 같은 금빛 사랑까지 쓸어 담고
정성껏 배추를 버무려 맛나게 감장을 담그면

고추처럼 맵던 시절
엄마 아빠 마음까지도 함께
포장 곱게 하여

집 떠난
아이들에게도 보낼
것이다.

딸애집 가는 길

고운 산
봄볕에 얼굴 타지 말라.
화장까지 예쁘게 구름 모자 눌러쓰고
산바람이 공해를 밀어낸 며칠

우리 삶, 터널을 지나면
산벚꽃, 하늘에 대고 꽃잎세탁을 하고

벚꽃나무 한 줄로
봄길 따라 물거품, 내리흐르는 물결처럼
삶의 가로수 길, 싱그럽게
나는 달리네.

마음이
바람에 꽃비 쏟아지는 날
입술에 거품 소복이, 묻힌 치아로
해맑게 웃는 우리 아이처럼

내 마음도 볼그스름한 홍매실꽃 감돌아
거울을 바라보며 웃어 보이는
내 마음이여 "사랑한다."

오늘은
고속도로에 꽃잎 하나 띄우는 햇살로
나는 너에게, 우리 딸아이야.
아빠도 꽃물로 물들어
지금 막 달려간다.

詩作 MEMO ————
오늘 경부고속도로를 타고 김천에 사는 딸아이를 보러 가는데,
바람을 가르듯이 달려보았지요.
잠시 과속, 감시카메라 앞에 머뭇머뭇 거리다가 내쳐 또 달리며
액셀을 밟았다 풀었다. 삶의 리듬을 잠시 풀어 주었지요.
서로 열심히 사랑하고 사랑하면,
우리 세월은 그만큼
보태는 거지요.

동구네 민들레

할머니
뭐 하세요.

나
오래 섯들 못혀.

마을회관 가는 길가에
여기서 잠시 앉아 피고, 저기서 잠시 앉아 피고.

오다가다 앉은 자리마다 우리 할미, 노란
민들레 꽃 자리.

詩作 MEMO ─────
우리 할머니, 한 해 한 해 갈수록 굽은 가지에 강솔 박힌 나이테.
마을회관 가는 길마다 여기저기에 민들레꽃이 앉아서 노랗게 피고
나를 바라보고 웃고 계시는 봄날이다.

무제

축사 안에
빽빽하게 소를 가두고 기르는 친구가
경기도 어려운데
아까운 땅에 그렇게 꽃만 기르면서
어떻게 사느냐고 묻는다.

경제가 밝은 사람 앞에 대꾸도 하지 않고
해마다 그 자리에 또 꽃을 심고
나는 가꾼다.

사실 말인데, 답답한 게
어디 그 사람뿐이겠습니까?
나도 답답합니다.

하늘에서 지탱할 소꼬리를 잡고 살아갈 사람과
하늘에서 나를 지탱할 꽃을 잡고 살아갈 사람과

서로 잡기는, 지탱하기는 매한가지인데
말이나 생각이 서로 잘
통하지 않는다.

함께 해넘이 너덜겅에서

오늘도
식솔들이 뒤를 따르고
몸도 마음 따라 수갑과 차꼬를 채우고 앉아
함거를 타고 길을 간다.

중죄가 있어서도 아니다, 그렇다고
그대에게 핍박을 받아 유배를 떠나는 것은 더욱 아니다.

다만, 우리는 서로가 아니라는 이유로
안쓰럽다는 제목과
그네와 사랑을 공모했기 때문이라는 이유로
함께 길을 타고 가는데, 하나도
애매하지도 않다.

어차피 삶이란 비접살이가 아니던가,
서로 얼굴을 함께 바라보았던
꽃구경도 잠시뿐

세월은 갈수록 너덜겅.
덜컹 덜컹거리고 삐걱거리는 이
내 몸,

출렁거리는
그 수레를 힘들게 올라타고,
해넘이 고개를 넘어가는
우리가 아니겠느냐.

詩作 MEMO ―――――
우리네 삶을 생각해 볼 때, 인간이란 모두 중죄인이 아니겠나.
태어나서 죽을죄를 지었고, 또한 살아서 가시 면류관을 쓰고
마음의 십자가를 매고 가는 길이 아니겠나.
오늘도 삶의 중죄인인 나는 삐걱거리는 몸으로
해넘이 고개를 뜬구름 타고
넘어간다.

피반령 고개를 오르내리다 보면

친구가 차 한 잔
같이 나누고 싶다 해서
피반령 고개를 오르내리다 보면

이리 쏠리고
저리 쏠리고, 나도 모르는 사이
서로 손을 마주 잡고

험한 고갯길
차 안에서 이리로 저리로
서로 쏠리다 보면, 안아 주고
안겨 주고.

능선마다 가슴이 파인, 아늑한 정
고운 바람이 솔가지를
흔들고

피반령 고개를 오르내리다 보면
안쪽바람 바깥바람
서로 다르다 해도

우리 마음이 서로 안쪽에 서면
겨울 산도 바람이 매섭고
추운 것만 아니야.

詩作 MEMO ─────
험한 세상 서로 친구 되어, 고갯길을 돌다 보면 이리저리로 인정도 함께 쏠리고,
이리로 저리로 쏠리다 보면, 몸도 마음도 서로 같은 쪽으로 쏠리고 그러지요.
매섭던 겨울바람도, 마음이 서로, 안쪽에 서면,
우리들 가슴속에도 아늑해지는 피반령 고개. 그 고갯길을 넘어가는
그리운 우정이 그립습니다.
인생의 고갯길은 사랑하기에 참 좋은 우리들의 고갯길입니다.

* 피반령 고개 : 청원군 가덕면 청룡리와 보은군 회북면 오동리를 이어주는 고갯길
로 마치 속리산 말티재처럼 꼬불꼬불거리는 게 비슷해서 고갯길을 돌아갈 때마다
이리로 저리로 쏠리는 고갯길입니다. 길이는 5키로나 된답니다. 그곳을 자주 넘어
다녔지요. 저에게는 그리운 고갯길입니다.

불새

겨우내
노루.

한뎃잠 자던 산막
아궁이에
갓털 한 올 문 불새가 날아 들어와 앉는다.

나의 삭정이에다 바람을 후욱 불었다.
슬은 솥에 화드득 내 묵정밭 타는

흐드러지게 진달래꽃 피는 잉걸불은
소리도 없이 바짝바짝 재티 물고
사그라지는 모양인데.

뒤늦게 봄봄거리는, 까닭 모를 그리움은
온 산자락에 두견화 피기도 전에
매화가 먼저 하야니,

왠지 모를 꽃샘, 내 마음도
봄빛이 가슴까지 시려오고
축은해집니다.

詩作 MEMO ─────
서러운 내 마음에 임의 솜털 씨앗 하나로 세월을 앉아 봅니다.
까닭 모를 그리움은 진달래 붉기도 전에 하얗 게 먼저, 내 묵정밭에 봄봄거려,
그러잖아도 삭정이 가슴은 더 미어집니다.
꽃 진 세월의 자리에 관솔 박힌 나이테에도 사람이 사람을 그리워하고
좋아하고 싶은 마음은 언제나 봄봄거립니다.
노루는 우리 장씨들을 짐승으로 말하면 노루라 합니다.

여심

시골 장터 가축시장에
병아리 우리 속에 엄마만 갇히고
애들은 가두리 그물망 사이로
잘도 빠져나가며 바쁘게도 들락날락

한동안 장바구니 옆에 끼고서
멍하니 바라보는
여심

날아갈 수 없는 틀 속에
가만히 움츠리고 조용히 앉아 있는
나는 씨암탉이네.

함께라는 우리가
가두리라는 말인가.

詩作 MEMO ―――――
시골 장날 가축시장에 병아리 우리 속에 갇힌 암탉이 가만히 움츠리고, 우리 틈새로 이리저리 들락거리는 병아리들을 지긋이 바라보는 모습에서 우리네 가정과 어머니의 모습을, 가두리 망과 자라나는 아이들, 그리고 일탈하고 싶은 어머니의 모습을, 그리고 싶었다. 가두리에 닭을 팔던 시골 장터, 참 옛날이야기죠.

희아리 당신

당신에게서
언뜻언뜻 생전을 보게 됩니다.
술만 잡수시면 밤새 했던 얘기 하시고 또 하시고
그런 이상한 장마는 여름 내내였습니다.

습한 기운에 소담히도 붉던 고추나무에도 역병이 돌아
희끗희끗 매달린 희아리를 바라보니
마당 볕에 앉아 가볍게 웃으시던 당신 생각납니다.

병든 고추 희아리를 한참을 바라보다.
따내 버릴까 말까 하고
한참을, 당신 생각에
망설였습니다.

* 희아리 : 약간 상태가 말라서 희끗희끗 하게 얼룩진 고추

새

인간은 누구나
외롭고 아픈 병동에 있습니다.
치유의 시간에 나는 책을 펼치고 있습니다.
기러기 날개를 펴고 날아가는
저 책장들은
우리들의 삶의 바다이고 뭍이고 혹시 산이 아닐까요.

오늘도 나는 한 행간에 걸터앉아 홰치는
한 마리

솟대가 그리운
새.

나뭇가지에 앉았다가
그대 시집 속으로 날아가며
난장을 찾고 있습니다.

詩作 MEMO ─────
오늘도 저는 특별한 겨울을 만들기 위해. 침상에 누워. 수혈하고 있습니다.
혈색이 돌 무렵 나의 또 다른 봄이 다가오겠죠.

4부

스님의 범종소리

제 절도 받으시오

수많은 부처님 중에
임의 부처님은 어찌 절에만 앉아 계신답니까?

절을 올리는 보살님 안에도 부처님이 계시니

보살님
제 절도 받으시오.

詩作 MEMO
부처님에게 절을 올리는 사람 치고 부처가 아닌 사람이 없답니다.
그래서 사람은 사람끼리, 부처는 부처끼리 얘기가 서로 통하시니,
절을 올리는 보살님도 부처님이십니다.
절을 올리면서 임의 사랑을 기원하는 마음이야,
어디 부처가 아닌 구석이 있답니까?

나의 무심불

나의 부처가
오히려 나에게 무심함으로 나를 키웠다.
세파에 물결을 일으키고
삼동에 동면을 하지 못하도록
바다에 노를 저어가게 하였다.

먼 바다까지
상처투성이 돛대로 바람과 고달픔을 먹고
임의 세월에 대고 날을 갈게 하셨다.

이제 큰 바람도 자고 잔잔히 모래 물결 일렁이는
아늑한 연안에 도착하여
내일의 예보를 들으니 하늘은 양떼구름,
바람을 뜯고 저 너머 숲과 계곡과 펑퍼짐한 분지에
나물들이 고운 꽃을 피우고 있다더라.

지난날의 임은 나를 강한 아들로 키우기 위해
날이 선 작두 위에 발을 딛고 가슴이 그렇게도 차가운,
선상에서 무심한 에미로 순교하셨음을

그녀의 바닷속 깊은 부처의 마음을
이제 와서 생각해 보니
무정은 곧, 나에게 너무나도 큰

당신의
보시였음을, 연민을 통해서

나를 다시 바라보니
알겠다.

詩作 MEMO ———
그토록 모진 바람도 순교였음을 바람이 자고 나이를 들고 보니 이제 알겠다.
임의 세상을 잠시 연민으로 바라보니
내 부끄러움이 너무나도 큰 허물이라는 것을…

마애불

저 허허 벌판에 서 있는
나의 마애불.

세월이 흘러가면 갈수록
그래도 씻기는 것이 있나 보다.

눈 코 귀도
입도 서서히 지워지고 흐릿하여

들리는 소리조차 없으니
머리 없는 부두불.

오늘도
머리 없는 나를 찾아

눈 내리는 어느 자성의 계곡에
휘몰아치는 호된
바람 소리로,

천년의 얼음장 밑으로 맑은 물, 졸졸 소리 내며
언제나 진리처럼, 위에서 아래로 아래로

마음의 계곡물 맑게
하심이 흐른다.

詩作 MEMO ———
기도란 무엇인가. 먼저 나를 위해 임을 바라보기보다 자성의 시간부터,
내면의 밭을 넓히고 나서야 밀레의 저녁 만종처럼 감사의 기도가
신께도 닿을 텐데. 그림 한 편. 천년을 두고 임께 기도가 될 텐데.
내가 믿는 신은 언제나 내 안에 계시기 때문에,
소리가 아닌 , 고요한 묵음으로 전하여도 미리 알아듣고 계신답니다.
시험장 교문 앞에 갱엿을 붙이면 학생들이 뭐라고 하겠지요.
명산마다 촛농 자국으로 그을린 부처 형상들,
사욕은 기도가 되는 예가 없답니다.
그냥 이기심이지요.

부처 섬

계룡산 기슭,
어디 어디 분지마다
풍경을 달고 뭍에 떠 있는 아늑한 섬들이 있다.
섬이라고 꼭 바다에 떠 있는 것만 섬일 리 없다.
산에도 바다와 같이 고운 섬을 만들려고
기도하러 오시는 보살님들.

고요한 마음의 풍경을 솔바람 저어가며
내 안에 부처가 계시는 또 다른
임의 섬을 향하여
떠나시는 것을,

손 모아 함께 합장하며
나는 산에서 날을 가는 심마니,
임들을 보살님이라고
부른다.

詩作 MEMO ───────
계룡산. 아늑한 분지마다 공양의 장소들이 있다. 동학사. 갑사. 신원사 등.
천 년의 고찰이 자리를 잡고 앉아 있어 솔바람도 풍경을 흔들고.
내 안에 부처 섬을 만들고 떠나시는 보살님들과 마주하는 바람도
계곡 물 따라 하심이 맑게 흐른다.

스님의 범종 소리

영천사에서
스님은 종을 치시었다.
갈맷빛 저 아래
좌선하고 있는 산들도 범종 소리를 들으며
합장하고 있었다.

스님 곁에서 나도 합장을 올리며
염불 소리 그 메아리를 듣고자 했다.

어느 날 갑자기 스님께서 입적하시자,
비로소 들려오는 소리가 있었다.
참 멀리도 산코숭이 돌아 내게로 메아리가 되어 돌아왔다.
그때 치신 스님의 범종소리였다.

그리움이 되어 돌아왔다. 보상 ~~~ 스님.
나무관세음보살 나무관세음보살 나무관세음보살.
감자 성님 달마 불!

詩作 MEMO
고운 인연은 떠나도 항상 메아리가 되어 그대 가슴으로 돌아오는 법, 우리는 서로 사랑하며 꽃으로 기억하고 살아 갈 일입니다.

일체유심조

밤하늘이 새카맣다 해서
달이 없겠습니까, 별이 없겠습니까?
잠시 구름에 가린 것을 가지고 호들갑을 떠는
당신이라고 했는데.

막상 가슴이
당신들과 일상 때문에 새카매지다 보니
정말 내가 바라보는 하늘은
달도 별도 보이지 않고 어둠뿐이었습니다.

내 가슴이 반짝이지 않는 한,
달이 떴어도 그믐달입니다.
작은 못 하나에 무거운 나를
가슴이 답답한 벽에 걸리고도 버겁다고
마음 흔들리지 않는
"일체유심조"

액자를 가만히 바라봅니다.
세상은 내가 마음먹기
나름이라고

나를 고치고 고치고
고치렵니다.
사랑으로

詩作 MEMO ─────
세상의 모든 일체는 내가 마음먹기에 달렸다고 생각해요. 몸과 마음이 모두
한집에 살자고 하지만 과연 한집에 사는 사람이 몇이나 되겠어요.
오늘도 나는 몸 따로 마음 따로 두 집 살림에 이 집과 저 집을 헤매다
잠이 들었습니다. 내 손에 켠 바람이 관세음보살님의 책장을 넘기네요.
제 서재에 걸린 액자에 일체유심조란 글이 크게 걸려있지요.
그 뜻의 의미를 여러가지 뜻으로 해석할 수도 있지만
몸과 마음이 하나라는, 마음이 가는 곳에 몸도 따라간다는,

不二 란, 모든 것은 둘이 아니고 마음이 곧 하나에서
일체로 비롯된다는 일체유심조를 생각해 보는 날입니다.

사시불공

높디높은 마음의 곳에
불상을 모셔 놓고 스님이 두드리는 목탁 소리
어딜 향하나 했더니
불전함 바로 앞에 앉아 부처님께 지극 정성이시다.

불전함은 절 살림과 다음에 오실 보살님들을 위해 쓰이시기에
나도 따라 불상 앞쪽에서 절을 올리고
다시 불전함에 허리를 굽혀 시주를 하고

가만히 나의 부처님께 세상이 모두 원만하옵소서.
임의 가족 원만하옵소서

나무관세음보살 나무관세음보살
나무관세음보살

詩作 MEMO ———
생각을 달리 해보니, 불공드리는 것도 여러 가지 사시불공, 사시인 오전 아홉시에 올리는 불공도 있고 사시에만 불전함에만 눈이 가는 사팔뜨기도 있다. 스님의 斜視 佛供도 있을 법하다.

별

저 멀리
우리 기별이 없이 살아도

밤하늘.
쳐다보기만 하면

언제나
반짝이는
별.

詩作 MEMO ———
내가 그곳을 떠나올 때. 그렁그렁했던 별들이 생각이 납니다. 강변 마을,
모깃불 내려앉는 담배 건조장, 들마루에 앉아 저 별은 내 별.
저 별은 네 별. 별을 헤아렸던 우리들, 지금은 다 어디로 갔나 했는데,
아직도. 내 가슴속 밤하늘에 초롱초롱하게 반짝이고 있습니다.

영천사에서

그리운 모후산 영천사에 가니
멧비둘기 삭정이 물고 들어와
법당 아래 부처님의 수각에 맑게 고인 달을 쪼아먹고
불심 업은 연화가 사뿐사뿐 노랑나비로 대웅전 쪽으로 나르네.

일주문 오르던 계단마다 늘 푸른 이끼
천년의 바위가 꽃살 무늬 고대로
오롯이 정좌하고

임의 기도가 정성껏 마음 고인 인정으로
법당을 떠나지 않는 바람으로, 풍경을 울리는 기슴으로
시람이 부저로 사는 세상을 그리워하고 있더라.

조용한 산사의 한낮 까투리, 꺼병이들을 데리고
길섶까지 마중 나와 노시는 우리 보상 스님은
내 마음의 방장이시라.

불법을 부채로 만들어서
처마에 매달린 풍경에 대고 헐헐 열심히 부치시고.
달마도 그리시네.

밥 때마다
공양을 알리는 소리로
예불을 알리는 소리로

산사 모롱이를 돌아가는 중생들에게도
어서 어서, 연밥이라도 먹고 가시라고
시도 때도 없이 종을 치시네.

詩作 MEMO ─────
스님, 그곳에 먼저 가시니 참 좋지요. 제가 극락으로 스님 뵈려 가면
안내 좀 잘 하이소야. 우리 보상 스님. 스님 모습이 그려져
자꾸 눈물이 납니다 그려.
나무관세음보살 나무관세음보살 나무관세음보살.
이 땅에서 이 땅에서 나, 스님을 만나,
성림달마감자라는 소리도 듣고 즐거웠고 행복했습니다.

스님의 법문

영천사.
보상 스님은 방장 스님이라
이 방 저 방 다 관리를 하다 보니
해우소는 물론
주방까지 맡아보신다.

모후산을
지나가는 보살님들에게

시도 때도 없이
밥 먹고 가라는 게, 스님의 법문이시다.

주방문 옆에 땡종을 어트막이 달아놓고서
심심하면 먹고 가라고 치신다.

詩作 MEMO ─────
밥. 그 밥이 무엇을 말하는지 아직도 나는 잘 모르겠다. 혹자는 연밥을 말하는 게
아닐까 추측하기도 한다. 젊으셔도 마음이 매우 고매하신 님이시라.
우리 보상 스님, 스님 생각에 눈물이 납니다. 극락에서도 아자 아자!

청량사에서

동해에 해 떠오르면
소금강 봉우리 하나하나마다 안개가 낮게 무릎을 꿇고
바위솔은 두 손을 머리 위로 올린다.

천 년의 유리보전 앞 오층석탑은 청량사 그곳에 있어
독경 소리 퍼지는 저 아래
갈맷빛 산들이 점 점을 이루며 좌선하고 있는 것은
부디 부처님을 잊지 말고.
마음 떠나지 말라.

바다가 그리운 내 안에 동강은 늘 처음처럼 흐르고
청량산에 봉화가 하늘로 피어오르네.

찻집을 뒤로 두고 아래로
내려오다 보면 서로 마주치는
인연마다 합장하고

연화봉에 불던 바람은
일주문까지 나를 따라 나와
솔가지를 흔든다.

갈매기 날개를 펴다

드라마에 빠진 TV가
나를 쫓아낸다.
아니 더 정확하게 말하면
밥상도 안 물린 아내가 나를 쫓아낸다.

나의 밀물에 썰물,
가만히 아래층으로 내려와
갈매기로 변신한 나의 애인,
그녀의 바닷가
따스한 가슴속 아늑한 언저리에

곡옥 빛 일렁이는 하얀 물결로 행간을 만들고
끼룩끼룩 날아다니며 새우깡 하나 더 보태 달라며
습작 노트를 폈다 오므렸다 내가 떠나가는 섬으로 따라온다.

바람 소리로 꽃을 피우는 내 글밭에
갑자기 산으로 나타났다가
오솔길 돌아 나오는 바람이 샛강이 되었다가
어느 날 하굿둑, 바다를 그리워하는 폐선이 되었다가
한줄기 소나기,

원두막을 훑고 지나간 매지구름이 유년의 우리 밭에
내가, 서리한 나를 찾아 드는 글발이 노란참외를 들고
동에서 번쩍 서에서 번쩍,

향기를 뿌릴 때마다 갈 곳 없는 언어들은
나를 쪼아대며 다시
갈매기로 난다.

詩作 MEMO ─────
책장을 넘기면 나는 갈매기로 난다. 내 갈매기는 바다에서의 아늑한 섬인지도
모르겠다. 오늘도 나는 이렇게 애인의 가슴속으로 파고들어가 이 섬에서
저 섬으로 날아다닌다.
고운 시 '그대를 바라보는 꿈을 꾸며'
날아다니는 것이다.

마음이라도 떠나고 싶은 날에

그대에게
떠나고 싶은 날에는

공항 로비에 마음이라도 조용히 앉아
그리움을 기대고 있는 7번 게이트를 향해
두 눈을 감은 세월의 희아리.

여기는 발리 덴파사르 국제공항.

늘 푸른 적도의 꿈은
하루에도 수없이 내 마음에 내려앉고
어둠이 젖어오는 구름 아래 오키나와
반짝이는 불빛도 어린 날의 트리처럼 그려진다.

그리운 기운에
바람으로 채운 어깨가방, 달랑 하나 가슴에 품고
임에게 이륙하는 눈길로 바라보며
내 마음은 풍선처럼 날아오르는 광장에서
낯설지 않은 배경을 주워 담는다.

서늘한 가을 하늘에 붉게 물든 이파리
바람에 떨어지는 그리운 무게만큼
아직도 식지 않은 내 마음은
다시 꽃봉오리로 맺고

잔잔히 이는 바람은
집으로 돌아오는 길가에도
쓸쓸히 분다.

인도양이 그립다

된 계절에 갇혀있는 기분이다.

짐을 챙겨 들고 떠나고 싶은 바람이 깊게 인다.
밤하늘 아래 크리스마스트리만큼이나
반짝이는 오키나와 상공을 지나
인도양으로 들어서면

짙푸른 바다, 물거품을 안고
넘실거리는 파도가 내게 달려오고
부겐빌레아 붉은 꽃,
임의 그리움이 해변 언덕에 앉아
손을 흔드는
그곳에

낯설지 않게 느껴지는 사람들의
갈색 피부는 햇살에 윤이 나고 맑은 눈동자
그 선한 모습들 그리워라.

작년에도 재작년에도 친구처럼
그대 안아주던 바다와 어깨를 걸고 있었는데
올해는 그냥 해를 넘기나 보다.

달력 한 장 안에
이파리 몇 장 떠는 잎새처럼
나의 마음은 조급한 그리움으로
울렁거리는데.

詩作 MEMO ————
이제 올해보다는 내년이 더 지칠 것이다.
내 후년은 더할 것이고. 이제는 조금씩 자기 관리에 충실하여야겠다.
음악과 그림과 글 몇 자 가까이 할 수가 있어
나는 행복하고 즐겁다.

부겐빌레아

내가 너희 나라를 떠나올 때
포구에서

먼 배가 보이는 아슬한 비렁길에 피어
손을 흔들어 주던 꽃, 오 나의
부겐빌레아.

끝간 데 없는 보드라운 침대처럼
젖가슴까지 물결을 여닫는 푸른 바다 그 하얀 포말은
상쾌한 바람과 신선한 사랑의 꿈을 불러오고

하늘이 맑은 바나나 숲길에
벌써부터 반짝이며 나를 따라오는 선한 초저녁 샛별,
너 하나도 내 가슴에 꽃으로 피어
나는 아직도 너를 잊지 못하고 있는데,

다시 만날 수만 있다면 하고, 적도에서의 백사장
그 파라솔만큼이나 그립다 생각하고 사는데
당신의 엽서처럼 기다렸던
오늘에 너의 꽃을 만날 수가 있었다.

여행지에서 부겐빌레아 붉게 피어
이방인의 시름을 달래주던 꽃,
다시 짐을 챙겨 태양의 반대쪽 그대 구름을 따라가면
밤에도 피어나는 무지개를 만날 수가 있을까.

오 붉은
나의 이국의 꽃
부겐빌레아.

그리움은 아직도 식지 않았는데

그대가 그리우면 가끔
빈 가방 하나 챙겨 들고 국제공항 광장에 앉아
이륙하는 비행기들을 바라보며

맑은 햇살에 앉은 바닷바람과 그 고운 모래톱
밤에도 무지개가 피는 꿈을 꾸며 아늑한 별을 그린다.

저무는 나이에 그립던 바람을 사랑하고
진정 그리운 녹음은 무엇인지, 이제 알 것만 같은
날에는 나는 언제나 혼자가 아니었다.

바람이 때때로 이는 집으로 돌아오는 길에서
삶을 가슴으로도 호흡하고

어느 책 제목같이, '살며 사랑하며 배우며'
마음에 온기를 품고 푸르러

하늘에 내가 떠서 가만히 멈추어 선 날에는
나는 바람을 타고 그대에게
날아간다.

회우

우리는 전에 꽃으로 만난 적이 있지요.
당신은 봄에 피고
저는 가을에 피었지요.

꽃 피는 시절은 서로 달라도.
겨울이 오면
우린 함께 시린 꽃, 메마른 대궁에 상고대 쓰고
바람의 소리로 서로를 잡고 울기도 했지요.

다음에는 따뜻한 남쪽에서
그리고 사철 피는,
사철 서로 바라볼 수 있는,
우리, 그런 꽃으로
만나요.

부겐빌레아
꽃이 피는
여기

발리에서 꼭.
만나요.

남한강 조동 마을에서

잔잔한 물결에
저녁 햇살도 잠시 물비늘로 반짝거리다가
유유히 흘러가는 남한강 강변 마을에
어느 날부터 개발 붐이 일어,

나룻배를 타고 강을 건너다니던 마을에 육교가 생기니
강가에 한산하게 매어놓은 나룻배도 사라지고
사공 아재도 돈 벌러 멀리 고향 떠나

무심한 물결만 이리저리, 그리운 머리채를
강가에 대고 차랑거리네.

오늘도 그곳,
나루터에 둥구나무 아직도 혼자 서 있어
바람이 불 때마다 나뭇가지를 흔들며

강 건넛마을 아제가 살던 사공 집에 대고
어여, 어여, 어여

강변의 달맞이꽃, 우리 누님
밤이슬 젖던 새벽길을 열어 달라고

아직도 바람이 사공 아재를
부르고 있네.

詩作 MEMO ────────
참 오래 전이에요. 제가 잠시 낙후된 마을에 몇 해를 화전민과 강변 마을
사람들과 함께 생활을 하며 지낸 적이 있었지요. 충주에 가면
동량면 조동마을과 강 건너 충주시 용탄동과 서로 동네를 마주 바라보며,
나룻배가 유일한 교통의 수단이었지요.
이 마을과 저 마을 사람들, 탄광 사람들, 산촌 사람들,
그 사람들의 마음이 그렇게. 맑던 곳에 생활을 한 적이 있었지요.
여름날 모깃불 내음이 담배건조장, 들마루 위에 그렇게도
 쏟아졌던 별들처럼 마음이 맑고 순박한 사람들,
그리운 얼굴이 그려지는 이제는, 내 가슴속에 모두 별이 되었지요.
지금은 수몰이 되어 충주호에 유람선이 뜨고.
호수 아래 나의 그 시절이 그리움으로,
물결이 일렁이고 있지요.

낙조

내 낙조를 사랑하기로 했습니다.
그래서 동해로 달려가
아무 말 없이 저녁 바다에 서서 나를 바라보기로 했습니다.
내가 붉게 저물어 가면서 노을빛에 몸과 마음도 탄다면
내 진정이 정말로 아름다운 것일까요.
그대도 내가 이렇게 박색이 되어있는데도 아름답다고 할까요.

바닷물 속으로 서서히 잠기는 노을이 아쉽고,
안타까워 나도 모르는 새, 나를 한 움큼 잡아보았습니다.

흐느끼는 느낌이 내 손에 흠뻑 묻어났습니다.

세월에 대하여
제가 할 수 있는 일은 당연히
세월을 보송보송하게 말려 가볍게 가지고 갈 일입니다.

그건 어느 누구나 할 수가 있는 일을 하는 일입니다.
아직 내가 살아서 그대를 바라보고 있으니
따스한 지난날의 모든 기억을 아름답게
저 바다 뒤편까지 데리고 가는 일입니다.
그대 덕분에 행복하고 즐거웠다고

그리고 언제인가,
그대를 한 번이라도 만난다면
그 모습 나락이 널려있는 좋은 볕으로
나는 임을 데리고 갈 참입니다.

詩作 MEMO ―――――
내가 저물어가는 노을이 아름답기만은 한 건가요. 붉은 물결이 끝간 데 없는
저쪽으로부터 내 발밑까지 왔는데 말입니다.
고왔던 세월이 일렁이는 그 의미는 환희라고만 생각하세요.
이제 그만 조용히 하라고 하세요. 바람 좀. 잠을 자게 해 주세요.
더 일렁이지 않게.

별

저
밤하늘 멀리
서로 기별 없이 살아도

언제나 내 마음은 샛별처럼
임을 따라다니며
반짝이는 그대,

기타 치던 초저녁,
바람이 둥구나무 이파리를 살살 흔들며
그렁그렁했던 나루터
그쪽

별똥별 하나 곱게 내리 긋고,
눈가에 금방, 빗방울인가,
어느 가슴 한쪽에 살짝
떨어진다.

詩作 MEMO ────
충주 용탄동. 담배건조장 들마루에 누워있으면 나의 별들이 무수히 쏟아진다. 모닥불 향기, 남한강 개울 물살은 밤새도록 조잘 조잘거려서 잠도 잊고 강변에 달맞이꽃, 더욱 청초하게 달빛에 피어서 새벽이슬에 우리 가슴도 함께 젖었다.

홍매화

따스한 임의 봄볕을 위해 일 년짜리 적금을 부었다.
이달이 춘삼월 적금을 타는 달이다.

매화꽃을 열어보니 지난해보다 소복이
꽃봉오리가 나무에 매달려 웃고 있다.

사모하는 사람들을 위해 특별히 풀어쓰고 싶은
이 봄날에, 나도 화사한 홍매화
꽃이 되어

임에게 다가서고 싶었다.

詩作 MEMO
사모하는 임에게 다가서고 싶은 이 봄날에 나도 홍매화로 곱게 피고 싶었다.

놀이공원의 저녁 바람

어린이
놀이 공원에
예쁘게 노랑 리본, 나무 허리에 매달고
혼자 서 있는 바람

엄마 바람 아빠 바람
나하고 버려진
바람.

따스한
봄날 가녀린 꽃에게
너무 춥고 시린
꽃샘잎샘
어둑한 저녁
바람.

詩作 MEMO
엄마가 너무 아파서 놀이공원에 예쁜 옷을 처음 사 입고 버려진 바람을 보셨나요. 어디로도 떠날 수가 없는 나무에 노란 리본을 매달고 저녁까지 혼자 서 있는 바람. 엄마 바람도, 아빠 바람도, 한번 떠나면 다시 돌아올 수가 없는 놀이 공원 한복판에 혼자 남아, 헤매는 바람 춥고 시린 꽃샘잎샘 저녁 바람.

험한 세상, 다리가 되어

제가 힘들고 외로울 때
양손으로 깍지 끼고 꼭 잡아당겨 봅니다.
서로 꽉 잡은 손, 헤어지지 말자고
비록 내 손끼리지만 떨어지지 않게 잡아 당겨보았습니다.

서로 좋아하는 사람이라면 그렇게 내 몸 하나 가지고
내가 내 손으로 손깍지라도 잡고 흔드는 것처럼,
임에게 화안하게 웃어 보여주고 싶었습니다.

양손으로 손깍지를 잡고 흔든다는 건
그건 오라이, 버스를 탔으니 이제 떠나자고
차창을 땅땅 때리는, 이제 출발하자는
우리, 결혼하자는 뜻이 아니겠어요.

으잉? 오빠야, 나 조는 사이,
여기가 어디여?

험한 세상, 다리가 되어.
속이 무지 깊어지는 바다지.

바스락거리는 바람 두 알 넘기며

내 뜬구름도
그냥 눕지 못하고
바스락거리는 바람, 두 알 넘기며

내일을 고민하면서 흘러가는 것일까?
딴생각도 종종 하면서
흘러가는 것일까.

구름이 하늘에 떴다고 모두 뜬구름인가.
세월을 밀고 고개를 넘어가야
뜬구름이지.

우리 서로 들꽃처럼
고운 바람을 잡고
살랑거려서

오늘 밤에도 나는
그대와 함께 뜬구름에 대고
수런대고 싶어라.

낙화하는 저녁

산이 푸르러
녹음을 쥐던 세월도 잠시런가.
언덕에 올라 해넘이 바람 앞에 앉으면
지난날, 갓 피어나던 대궁에
그리움도 들꽃같이 흔들려라.

석양에 향유꽃,
노을빛 함께 물들면
내 마음도 몸도
온통 담홍색,

임의 꽃범벅으로
뒤돌아서서

발꿈치 쳐드는
저녁.

詩作 MEMO ─────
임아. 언덕에 올라 석양에 향유꽃, 내 모습조차 꽃으로 붉게 바람 타는
풍경을 바라보신 적이 계신가요. 담홍색 꽃이 황혼과 함께 물드는 광경,
내 세상은 온통 석양빛 희열로 잠시 꽃 무리가 되었던 적이 있었지요.
정말로 내가 살아서 붉고 환한 사랑의 빛을 바라볼 수가 있고,
마음으로도 행복과 즐거움을 느낄 수가 있으니 나는 정말 행복합니다.
내 속에 자비하고 거룩하신 임도 함께 계시니 나는 정말 행복합니다.

뻐꾸기 소묘

뻐꾹, 뻐꾹,
산들바람에 뻐꾸기.

내 산밭 고랑을 타고 내려오는
울음소리에

적막해진 들꽃 내 마음 한 움큼 쥐고
고향 집 담장에는
아직도 앵두가 붉게 익어간다.

푸르던 그대와 나의 나무들
녹음이 짙어가는 유월의
끝물을 잡고

가물 가물거리는 기억의
아지랑이 숲에 서서

그렇게
울어대고 싶은 우리.

봄날은
간다.

詩作 MEMO ─────
요즈음 이웃집 담장 너머에는 누이의 앵두가 붉게 익어가고 뻐꾸기 울음소리가
한철입니다. 도심 한복판에서는 일상의 소음과 바쁜 시간의 거리 때문에
애틋한 울음소리를 듣는 다는 것은 아마도 무리일 성싶습니다.
작은 마을이나 소도시는 가까운 산들에서 들려오는 그 소리에
잠시 일손을 멈추고 소리가 나는 쪽을 바라보다 보면
뻐꾸기 울음소리는 꽃 이파리 같아, 눈가에 붉혀서,
지난날에 그리웠던 추억 하나쯤
자신도 모르게 꺼내 들게 됩니다.

등 뒤의 사랑

겨울이 되자,
집 안에서 식물을 가꾸면서
내가 너희를 바라보고
물을 뿌려 주며 관리하고 있었다고만
생각을 하고 지내왔는데.
어쩌면,

내가 앉아 있는, 아니,
너희가 서있는 곳에서 책을 보며
글과 시를 쓰고 있는 나를 가만히 응시하고 있는
등 뒤의 사랑.

어느 날 너희 시선이 나에게 다가와
내 어깨 위에 살며시 손을 포개어 얹는
그런 느낌이 들었을 때,

나는 비로소
숨은 너희 그림자를 제대로 느낄 수가 있었고
조용한 풀빛 몸냄새와 싱그럽게 산소를 뿜어내는
숨소리도 가슴으로 들을 수가 있었다.

침묵 속에
나를 바라보는 눈길에

너희가 오히려, 나를 관리하고 사랑하므로
한겨울에도 꽃대를 조용히 물고
나를 바라보고
있었구나.

명아주 지팡이

그 양반
한때는 힘 있어
내 것, 네 것, 다 따지고 덤비던 시절도 있었지.

이제는 세월 앞에 모든 게 버겁고 힘이 드시는지
모두가 네 것이다. 그 한 마디,
경로당 방 구들에 누워 잠을 청한다.

짧고 가느다란 몸 하나
마음 하나 지탱하기 어려운
우리 처삼촌 지팡이
명아주.

계절도 없이
경로당 문어귀에 기대서서
친구들 허름한 신발을 지키고 계시다.

어느 날인가,
여기부터 떠나실, 내 자리라고
집 대문 옆에 돗자리를 깔고
그동안 질질 끌고 다니던 해진 구두,

제삿밥 앞에 명아주도 함께
나란히 누웠다.

詩作 MEMO ─────
명아주. 어린 순을 나물로 먹기도 하고, 쇠꼴로 잠시 베어다 준 적도 있었겠지.
명아주 이파리 너무 먹여 설사를 죽죽 시키고 숯을 갈아 먹이던 일도 있었지.
모두가 지난날들의 이야기다.
그 지난날의 기억들이 자랄수록 명아주는 단단히 굵고 커져만 간다.
다 자라 세월에 굳은 몸, 명아주, 우리 어른 지팡이로 쓰기 딱 안성맞춤이다.
그 어른, 지팡이를 짚고 동네, 밤마실도 다니셨겠지.
우리는 모두가 명아주, 그런 세월도
잠시 끓는 물, 인생은 한소끔이다.

바람에게 살짝 흔들리고 싶은 마음

바람아
바람아 앉아라.
꽃대 물은 가지가 살짝 흔들릴 만큼만
살짝 휘어질 만큼 그만큼만
그리도 마음이 그리우면
피어나는 들꽃같이
앉아라.

산모롱이 돌아가면 외로운 언덕배기 멧새처럼
내 앞에 요만치 만 날아가다 앉고
저만치 만 날아

살포시 꽃물은 마음같이
멀리도 말고, 내 눈에 밟힐 그만큼만
손에 닿듯 말 듯, 그만큼만

바람에 살짝, 꽃잎 소리 내어
꽃을 피우는 바람 같이
흔들리고 싶은
살짝 이 마음.

5부

나뭇가지에 계절을 걸고

시를 읽고 낭송한다는 것

시를 짓고
낭송한다는 것은
구부러진 마음의 연통으로 아늑한 통로 만들기,

그대 가슴이 멀리까지 따스함이 배어
시냇가 에돌아 수풀로
소요음영하고.

우리 사랑 하나 더
가슴이 외롭고 아프면 함께 치유하고

맘 꽃 시 꽃으로 그리움 더 가꾸어
고운 울림 만들고
배우기.

詩作 MEMO ─────
사랑의 온기는 직선보다 구부러진 연통에서 배운다. 시를 읽고 낭송하는 것은
굽은 연통처럼 온기를 가슴에 더 오래 담는 일. 그건 나를 사랑하고
그대를 사랑하는 일. 우리 서로 그리워하고 사랑하는 일이 아닌가.
그런 생각도 해보는 봄날입니다.
* 逍遙吟詠 (소요음영)하다 : 자유롭게 이리저리 슬슬 거닐며
　　　　　　　　　나지막이 시를 읊조리는 상태.

설 명절에 모여 나무를 썰다

설 명절이다. 가족이 모인 자리에
이쪽으로 이쪽으로
서로들 내게로 오라고 손바닥을
흔들고 짝짝거린다.

아기가 그네들 쪽으로 고개를 쳐들고 문칫문칫
배밀이를 할 때마다
풋것처럼 싱싱한 나무에서 푸르름이
이빨에 묻어나오는 팝콘처럼

치즈 향이 배어들어 나오는
저 눈발 같은, 애 엄마들의
탄성.

詩作 MEMO ─────
저 눈발과도 같은 말들. 풋풋한 나무를 베며 나무를 써는 톱날에서 이빨에서
묻어나오는 아이들처럼 순수한 향이, 임의 사랑이, 임의 온기가 배어 나오는 명절,
그대의 나무 향처럼 향기롭지 아니한가.
가족이 한자리에 모여 따뜻한 눈발 같은 쾌감과 온기를 서로 교감할 때
우리라는 말이 서로 가슴에도 살아 꽃으로 피고,
사랑이 뭉클. 숨을 쉬는 것이 아닐까.

입춘

집 지으려나
불 지피려나 삭정이 입에 물고.

이른 봄 녘
까치가 날아와 앉는다.

나뭇가지 끝에
연둣빛 바람 살짝 들춰 업고
갈맷빛 산 너머에 우리 임이 오시나.

날갯짓 떼떼떼
낭창거리는
우듬지.

봄의 서곡

봄이 오는 길목에서
아직도 나에게 할 말이 남으셨는지,
내 뜰에 꽃샘이 살짝 눈을 흩뿌리며 지나갔어요.

임과 함께 한 겨울을 곱게 보내기 위해
아궁이에 군불을 지피며 살며시
고구마 몇 개 던져놓으시던 당신의 묵묵한 말들,
내 봄 뜰에 닿자마자
이슬이 먼저 꽃눈에 매달렸네요.

올봄은 유난히도 당신을 닮은
고운 색, 꽃망울로 줄줄이
임을 엮은 금낭화 꽃으로

올해도 화사하게, 우리 사랑
그렇게 또. 피어나겠지요.

詩作 MEMO
겨울을 보내며 봄 마중하는 오늘은 꽃샘추위가 내 뜰에 눈을 살짝 흩뿌렸지요.
군불에 살며시 고구마 몇 개를 던져놓으시던 당신의 묵묵한 말들.
임의 꽃눈에 녹아내려 이슬이 먼저 맺혔네요.

월광

가을밤
구절초 꽃 소복이
달빛에 부서져 포말 일으키고

언뜻언뜻
젖어오는 풀벌레 소리

나 홀로 다문 입 이슥토록
보름달 그러안고

세월에
물든
오동 한 이파리

슬그머니 내 가슴
함께 저어
내린다.

가을 서곡

멍석 위에
희아리도 가을볕을 타는지
고추잠자리, 꼬랑지도 윤이 나고
이웃집 담장 쪽으로 유모차를 밀고 올라가시던 당숙네,

그렇게 곱던 호박꽃도 이젠 힘이 부치시는지
쉬엄쉬엄 쉬었다 한참 만에 세월을 잡고 올라가는
마을회관 앞뜰에

홀로 서 있는 정자나무는 누굴 기다리시나,
동구 쪽 바라보며 간간이 부는 바람은 앉았다 일어섰다.
나무 그늘로 마당에 가지를 쳐들고

울긋불긋 색동옷 물든 코스모스
시내버스 지나간 자리에
빈손을 흔드는
가을 서곡은

마을 뒷산에 산 그림자
옥수수 반 자루 메고 내려와 푸드득 계곡물 소리 내고

집안에 반딧불 켜지자,
티브이에서 동해안 여름휴가는 파장이라나.

이제 일주일쯤 더 서늘해지면 밤송이도 활짝 벌어지고
애들도 엄마 따라서 할머니 엄마 부르며
집안으로 달려들어올 텐데.

뜰 안에 팔월 달은
오늘 밤에도 조금씩 더 함박꽃으로 피어나고
어머니가 마당에 가꾸시는 울 밑에 봉숭아도
소담스럽게 우리들 가슴에
붉게 매달렸습니다.

詩作 MEMO ─────
이제 애들 데리고 휴가도 갔다 왔고. 이러다 며칠 지나고 나면 한가위이지요.
팔월 보름이면 더욱 그리운 고향 집, 어머니가 생각이 나시겠지요.
지금쯤 우리 어머니는 마당에 붉게 익어가는 감나무를 바라보시며
며칠만 지나면 우리 애들 마당에서 뛰어노는 소릴 듣겠다.
아마도 그런 생각을 하고 계시겠지요.
이제 찬바람이 불면 겨울 내복 하나. 따순 털쉐타라도 영양제와 함께
이건 우리 엄마 것, 추석 명절을 따뜻하게 보낼 생각을 해보는,
우리들의 가을 서곡입니다.

겨울 꽃밭에 서서

겨울 꽃밭에
바스락거리는 갈잎 하나 주워들고
그대가 데리고 간 꽃잎을 기다리고 있네.

계절의 끝자락에서
해진 수리취
마른 대궁으로 기다리고 있네.

임이 오시는 길목에
새순도 합장을 열어 꽃잎을 다시 잉태할 때
매섭던 바람도 향기를 품고

우리 잠시 이별이었기에
기나긴 삼동도 그대 온기로

나 이곳에 서서 기다리리.
그대 침향에
대고

* 침향(枕向) : 머리 방향. 죽검의 머리가 놓인 자리.

삼한사온

삭풍에 아니 잊고 왔다고
대문을 두드리며
고드름을 달고 눈발 휘날리는데,
사람 마음이란 알다가도 모를 일입니다.

밉다가도 좋아지는 삼한사온,
윗녘에서 시어머니, 며칠씩 상경하시며
당신 자식만 잘 섬기라고 겨우내
들락거리십니다.

갖으나 얼어 터진 손 잘도 참아내고 사는데 말입니다.
다행히 아랫녘 친정어머니가 가끔 오셔서
동토에 우리 민들레는 언제 피느냐고
아린 가슴을 삭이시며
며칠 남짓 계시다가 고향으로 돌아가십니다.

저는 노란 민들레꽃 식탁에 가족이 함께 둘러앉아
깔깔거리는 아이들을 그려 보며
잔설이 남아있는 가슴을 아직도
다독이고 있습니다.

좋겠다

참 버거운 세상
숨 고름 없이 달려가는 것보다
마음을 고르기 위해 숲길로 들어가

대숲 향기 맡고
청량한 바람이 풍경을 때리는
달빛이 밤새, 대웅전 뜨락을 쓸어내는
산사에서 하룻밤

조용히 불상 앞에 앉아, 나를 다시 돌아보고
나와 함께, 임과 타인을 위해
법당 안 물안개가 서리도록

내 마음과 몸에 흐르는 땀으로
기분이 촉촉해서 시원하고 좋게
우리 사랑 모두 기도되어
기분이 좋게

108배라도 좋으니
기도드리고 왔으면
좋겠다.

詩作 MEMO ───────
만일사에서 1080 배 올린 적이 있었는데 세월이 지난 지금도 할 수가 있을런지.

겨울 정원

묵정밭처럼
꽃밭을 가꾸지 않은 듯 보이면서도
정성을 들였고, 나의 땀내로 그대를 가꾸었던 겨울 정원

지금 내 마음도 삼동이라,
삭풍에 머릿결 헝클어뜨리고 앉아 있어도
꽃들이 속삭이는 밀어를 알아들을 수가 있기에

겨울 정원을 바라보는 내 눈길은
그대를 바라보는 것처럼 따스하기에
당신에게 나는 애민하다고 말을 하지 않고
사방이 벽이라고 말하지도 않아요.
왜냐고요.

지금 나는 그대를 위하여
삼동의 벽난로 속에 내 마음을 쪼개 넣고
바람을 불어, 솔솔 풀어가는 사랑의 연기로
꽃을 피우고 있잖아요.

당신과 나는.
사랑의 계절이 다시 돌아오면

미풍과 아침 햇살이 해맑게 비쳐 꽃봉오리를 열고,
우리는 겨울 정원이 있었기에, 사랑의 시련이 있었기에,
꽃은 더욱 사랑스럽고 노래도 아름다워라.

임의 꽃향기, 하얀 물결 타고 우리 가슴에 정답던 제비,
가슴에 한 아름 안고, 그렇게 밀려올 거라.

나는 당신을 사랑하기 위해서
추운 겨울에도 마음의 창문을 활짝 열어놓고
그대 돌아오는 발자국 소리를 들으려고 귀를 기울이는 내내
귀앓이를 하고 있을 거예요.

겨울 꽃밭을 바라보며

삼동에
바람 부는 날, 겨울 꽃밭에 서서
내가 기다리는 이유는 당신의 고운 꽃을 보았기 때문입니다.
당신이 나에게 꽃을 보여주지 않았다면
내가 당신을 기다리고 있었을까요.

나는 지금도 당신을 그렇게 기다리며
지금처럼 떨며, 겨울 꽃밭처럼 서있지 않았을 것입니다.

서 있는 것도 그대 사랑이 있었기에 가능한 일이고
오늘도 내일도 당신의 겨울 꽃밭을 바라보며
임의 봄을 기다리고 있을 것입니다.

꽃을 기다리는 것, 보내고 바래다주는 것.
내가 바라는 것들 모두가 그냥 그저라면
꽃으로 인한 당신에 대한 마음도 그저,
그냥, 가벼운 바람이겠지요.

詩作 MEMO

우리. 서로가 하나의 의미가 되었을 때 우러나오는 사골국물 그 마음도
진국이 돼요. 잠시 누구를 좋아해 본다는 것도 사랑의 하나이고,
나의 어둠을 막는 방편이지요. 신앙도 그래요, 내가 신을 바라보지도 못하고
맹목적인 신앙과 추종은 참 한심한 일이지요.
단지 내가 믿어서 선하고 하나 더 고운 생각을 깨우치고 배워서
좋은 것이라면 더 좋고, 나의 외로움과 사교와 소통의 장으로 신앙을 믿어서
서로 좋은 것이라도 좋죠.
우리 좋은 생각을 해요.
사랑하는 이들이 보탬이 되게요. 그리고 감자 생각은 우리 인간에게도
식물처럼 꽃이 될 수가 있는 DNA, 성질과 마음이 있답니다.
그리고 사랑과 베풂. 그리움도 하나의 꽃이죠.
어쩌면 외로움도 꽃일지 모릅니다.

화목

건축 폐자재.
폐목들이 땔감으로 들어왔다.
우수수 집 무너지는 소리로 버리고 가는
공사 차량의 뒤꼬리를 바라보니 상처투성이 삶이 애처롭다.

한때는 누구를 위해 숲과 그늘과 바람막이가 되었을,
계절마다 실한 색깔의 열매를 올려드렸을,
오우! 늘 푸르렀던 내 녹음의
사랑이

타인의 집을 짓기 위해 얼마나 힘들고 아팠을까.
잘리고 부러지고
찔리고 박혔을 상처투성이로

나를 태워 임의 삭신을 주물렀을
저 온기 저 소리 없는
낱자들

화목 보일러에 재를 긁어내며
철못도 한 줌 받아낸다.

불에 달구어 구부러지고 휘어진 육탈들 앞에
타인의 안락을 위해 못 박혔을 임을 생각하니
가만히 두 손이 모아진다.

누가 무엇이 나를 위해 재 한 줌 되었거늘,
소리 없는 불꽃으로 사그라졌거늘,
나는 온돌에 편히 누워
따습게 있었구나.

성에

처마에 북새풍을 걸어놓고
두건 쓴 측백나무가 동구 쪽까지 나와 세밑을 배웅하던 날
어느 누군가, 뒤뜰에 쌓아놓은 콩깍지 덤불 속을
헤집고 들어가 밤새 앓는 소릴 내더니

유리창 문에 어깨동무를 하고 있는 고향산천을
성에로 그려놓고 새벽녘에 떠났다.

망초 망초 개망초. 소도록이 핀 마을에
수정처럼 맑은 둠벙도 언뜻 굽은 소롯길도 그려 보이고

그렇게 들녘을 살다, 바람들어 떠난
텅 빈 묵정밭에 저미는 가슴으로 목화꽃을 이고
다시 고향 찾아가는 사람도 있겠거니 있겠거니 했는데

창가에 눈바래기 좋은 오롯한 오후가 되어서야
지난 밤 폭설로, 쩡쩡 언 강에
외따로 밟힌 철새 발자국이 동무 것인 줄,

질퍽하게 녹아내리는 햇살에
배추 한 단에 쪽파 한 단에 이천 원씩이여.

꿀 사과 한 짝에 감귤 한 상자에 만 원씩이여.
만 원씩이여.

미끄러운 고갯길로 슬슬 내려가는
노점차량의 확성기 소리를
듣고서야

그게 어릴 적 동무인 줄
깜짝 알았네.

회색 도시에
달팽이처럼 고향을 짊어지고 와서
고향을 파는 모습에

나도 그만
창가에 눈석임물로 서서
고향산천을 그려놓고
말았네.

* 눈석임물 : 눈이 녹아 된 물

세밑 동태포를 뜨다

세밑 고향을 떠나와 사람을 부른다.
내일모레가 설 대목이라 차례상에 올릴 동태포를 뜬다.
고향을 떠나와 살을 에는 동태처럼
바다가 고향인 사람들은 타관인 뭍도 곧 그들의 바다이고
세파가 그들의 바람과 물결이다.

아줌마 한 분, 한참을 시장
바다가 누운 난전 좌판에서 고향을 바라보다가
시린 손으로 동태를 고른다.
아저씨 저거 얼마예요, 손짓으로 가리키며
저, 큰 것으로 한 마리만 포를 떠 주세요.

이리저리 뒤섞이고 시린
바람도 함께, 난전에 앉아 포를 뜬다.

포를 뜨고 남은, 머리며 감자탕 뼈다귀처럼
살을 에고 남은 부산물들
꼭 한마디 덧붙인다,
함께 담아 주세요.

바다가 고향이고 그녀의 시장이 살을 에는 뭍이라면
그래서 더욱 바다가 그리운 사람들이라면
생선 토막 하나도 버리지 못하고 고향을 담아간다.

비릿한 내음이
검정 비닐봉지 안에 그리움도 함께 출렁거린다.
고향이란 원래, 버릴 것 하나 없는
머리토막, 어두일미
그런 것이다.

詩作 MEMO ─────
검정 비닐봉지를 들고 시장 바닥을 빠져나가는 바람은 어떤 색일까. 우리에게
고향은 사람마다 바라보는 색깔도 제각각이겠지만
육지가 고향인 나에게, 고향이란 홍시가 노을에 꽃처럼 매달리고
앞산을 가리키는 아늑한 저녁 굴뚝, 연기와 다래며 머루며 노루며 멧돼지
그리고 까투리를 따라 날아가는 장끼의 둔탁한 푸드덕 소리와
화려한 깃털 같은 색깔이 고향이 아닐까요.
바다가 고향이시라면 뭍과 다르고 다르시겠지요.

문풍지

겨우내
방구석에 들어앉아
서로 얼굴을 맞대고
시집을 찢어 문틈을 막아내던 문풍지

봄이 오는 길목에 나 이제 들녘에 일 나가고
온종일 서로 얼굴을 맞대고 있지 않으니
우리 집 문풍지 잠잠하시려나, 했는데

이번에는 해종일 내가 안 보인다고
밭둑길에 유채꽃으로 피워 물고 앉아서
노랑나비가 또 봄바람 타고
날 찾아 날아왔다고

저녁이면 어김없이
내가 막지 못한 문틈으로
바람이 들어와
문풍지가
떤다.

내 마음은 바람 같아서

해 질 녘 소슬바람
들길을 걷다 보면 내 마음은 바람 같아서

들풀로 피어나
외로운 이파리 살랑살랑 은빛 흔들어
노을에 물들어 보고

사랑해서 가슴 아픈 억새로
꽃 물었던 마른 대궁으로 살아서
바람을 그리워하고

내 마음은 바람 같아서
시냇가 작은 텃새 따라 잔잔히 흐르는 물결을 헤치며
단풍이 내리흐르는 고운 길을 따라
나도 흐르고

뜬구름 내 뜰에 불어 마음이 흐트러지면
법당을 돌아 풍경을 흔들며 지나는 바람으로
소리 없이 내려앉는 오동잎.
저문 바람으로
관음 기도문을 넘긴다.

강

그대 어여삐
꼬리를 치며 가길래
네 얼굴을 쳐다보니

나를 앞서가며
고운 꼬리를 저녁강 윤슬로

말없이
고물에 서서

일렁이는 세월의 물결 너머
노을이 아름다운 언덕을
우리 서로 바라보고만
있더라.

詩作 MEMO ————
강이 세월이라면 아름답겠지요. 사랑합니다.
임, 흐르는 세월에 당신이 있어서 행복하고 즐거웠습니다.
흐르는 것들 모두 마음에 윤슬을 입히고, 고맙고 감사했습니다.

자명종

임을 깨우는
자명종

시간을 돌렸다 놓았다 맞추며
그렇게 수십 년을
오로지

당신만을 바라보며 살다 보니
여기저기 고장도 잦고
그러네요.

요즘 들어 12시,
24시를 해 달라고
자주 하네요.

詩作 MEMO
* 12시 : 앉아있는 자세로 임의 등, 언저리 어깨를 주물러 주는 일
* 24시 : 엎드려 누워있는 임의 자세로 등을 지압해 주는 일.
* 12시나 24시는 제가 만들어낸 말이고요. 안사람이 24시를 해 달라면 저는 그렇게 해 주고 있지요. 안티푸라민도 큰 통으로 시골 약국에 직접 찾아가서 사다 놓고 그렇게 밤새 발라주며 주물러주고, 그렇게 해요.

부창부수

투표 전야제다.
당신은 이번 선거에 어느 인물을 찍고
정당은 어느 당을 찍을 거냐고 안사람에게 물어봤더니
또박또박 그 속내를 일러주며 나의 눈을
뚜렷이 쳐다보는 데,

말수가 적은 나의 대꾸는.
"그럼, 나도 당신과 똑같이 찍어야겠네."
명쾌하게 힘준 그 한마디에
아내의 얼굴은 금방 앵두꽃, 화사하게 가지에 꽃을 달았다.

투표일 아침,
함께 기표하고 나오는데
말없이 내게, 바짝 달라붙은 아내를 바라보며
소리 없이 빙그레 웃음이 나왔다.

겉과 다른 수박 속 같은 나의 내심은 두 손가락을 펴고
그녀가 좋아하는 색깔로 우리는 언제나 함께라고,
말없이 위장한 내 빨간 속살도 안사람에 대한
사랑의 한 방편인가.

우리는 봄바람에 한두 잎 떨어지는 꽃잎을 밟으며
집으로 돌아가는 가로수 고운 벚꽃 길을
나란히 동행하고 있었다.

詩作 MEMO ―――――
내일은 투표일. 아내는 어느 정당과 어느 분을 찍는다고 한다.
내 속내와 다르다고 해서 어찌하겠는가. 빈말이라도
그럼. 나도 당신과 똑같이 찍어야겠네.
그 한마디로 아내에게 힘을 실어준다.
사랑의 기법도 여러 가지다.

사랑으로 묶음 통하기

세상에
참 궁금한 것도 많다.
수족관에 금붕어가 무엇을 말하려는지
나를 쳐다보며 입을 벙긋 벙긋거리고
조개구이집, 불판 위에
조개가 나에게 부글부글 침을 뱉는 까닭도 정말 모르겠다.

아무리 세상을
관심 밖에 두고 생각 없이 산다는 것도 좋겠다만
천성인지, 천형인지, 그들을 가지고
나도 가슴으로 마음과 소음을 걸러내려고
촘촘히 그물을 짜기도 하지만

기억에 맴돌다가 마는 말과 맹한 생각의 것들은
서로 언어가 통하지 않아 때론 힘이 들었다.
그래도 우리는 서로

말을 가지고 소통을 하지는 않지만
눈빛만 바라보고도 미리 알아듣고
응 응 거리는 소리만 들어도 그 뜻말과 행동을 알아듣는
아기 살붙이와 나.

애정 어린 마음이 서로 통하니 묵음이라도 알아듣고
오늘도 사랑의 꿀을 가슴으로
모은다.

詩作 MEMO
손자와 나, 아직 말도 못하고 소리로만 언제나 웅. 웅 그런다.
그게 나에게 말하는 것이다. 이거 좋아? 그렇게 내가 말하면 웅, 웅,
그렇다는 뜻이고, 이거 싫어? 웅 웅 하면 그것이 싫은 것이다.
웅이라는 한 단어를 가지고 서로 잘 알아듣고 말이 통하니
참 신통하다.

탁란

작은 새가
큰 새를 낳았다.
큰 새가 작은 새를 낳는 것도 탁란이다.

오월의 뻐꾸기처럼 허공을 잡고 앉아
무섭도록 침묵으로 흐느끼는
UFO,
지구라는 플랫폼을 바라보고 있다.

소리 없이 커가는 큰 인간이 태어나려나.
소리도 없이 갈수록 더 작아지는
작은 인간이 태어나려나.

그건 인간들이 말하는, 신들만이 아는 탁란이다.
아니면. 정이 한 바가지 빠진, 씨받이.
이국 며느리가 사랑도 없이
임신했다는

나의 헛소리인지도
모르지요.

가슴에 슬어가는 가스통

제가 말을
내색을 하지 않아서 그렇지요.
내 심해, 속 깊은 가슴속에는
나만이 아는
임도 절대 모르는 허름한 곳간이 하나가 있습니다.

너절한 일상을 정리해 놓으면서
그 안에 다 태우지도.
서로 풀어내지도 못한 애정과 갈등도
부끄러움과 함께 살짝 포개 놓았지요.

한때는 서로 마음을 따습게
온기로 열어 놓고 여럿이 들러 앉아 웃었을
마음의 가스통,

세월의 더께만큼이나 부식되어가는 화기를
허름하게 가슴속 불발탄으로 담아놓고
오늘도 일상이라는 삶의 이름으로
아직도 나는 그대를 버겁게
방치하고 있습니다.

뱀파이어

당신은
뱀파이어를 무척 사랑하시죠?
저도 그를 사랑해요.

눈빛이 수정으로 반짝반짝이어서 그럴까요?
그의 몸이 보석으로 찬란해서일까요?
영원한 임의 그대이기 때문일까요?

맞으면 둥글게
오므렸던 입꼬리를 살짝 올려 보세요.
아니면 못난이 삼형제처럼
입꼬리를 아래로 처지게
내려보고요.

그럼 됐어요.
나도 사랑하고 당신도 사랑하시는군요.

詩作 MEMO ───────
혹시 당신은 그를, 자랑하시려고 데리고 살거나 아무도 모르는 곳,
장롱 속에 냉동실에 꼭꼭 뱀파이어를 가두어 놓고 혼자만 사랑하시진 않던가요.
세상의 모든 보석과 금은 화려하고 영원해서 모든 이들이 사랑하고 귀해서
삶의 척도가 되기도 합니다. 저는 우리 안사람이 보석인데 말입니다.
정말로 보석인데 말입니다.

매무시

사전에서 댄디즘(dandyism)을 찾다가 매무새,
매무시도 눈에 들어왔다.
예로부터 우리 선조들은
겉옷을 더 아름답게 보이게 하기 위해서는
속옷을 잘 갖춰 입는 것을 더욱 중요시했다는 말이 생각났다.

산이 아름다운 것은 산세만이 아니듯이,
과일의 맛은 색깔에 있는 것만이 아니듯이,
삶은 모양만도 아니다.

나이 들어갈수록 내 마음의 텃밭을 잘 일구며
속살 곱게 나를 가꾸는 지혜가 더욱 필요하다.

詩作 MEMO ─────
살아가면서 나를 가꾼다는 것이 얼마나 어려운 일인지,
너무나 자주 흔들리는 내 모양에서 쓸쓸한 향이 묻어 나온다.
나도 편하려니 속물도 되어야겠는데.
가끔 때에 따라 그것도 이것도 다 부질없다는 생각도, 힘들다는 생각도 한다.
라이브하고 착한 사람이 더 상처를 받는 일이 허다한 세상에서,
진정, 더 착해야, 상처를 덜 받고 산다고 우기는
내가 우습다는 생각도 든다.

쓰레기에 대하여

세상을 살다 보니
모두가 나로부터 멀어지고, 버려지는 것은
쓰레기들뿐이다.
아니 어쩌면 나는 쓰레기를 생산하고
그 쓰레기가 밥이라고 쓰레기를 달라고 아우성을 치고
거리에서 시위를 하기도 한다.
일한 대가로 그 쓰레기를 받고
집에 들어가 아이들에게도 내가 받은 쓰레기를 먹이며
나는 또 쓰레기를 생산한다.
그러면서 우리 모두는
그게 밥이라고 생각한다.

詩作 MEMO ────────

우리는 쓰레기라는 생각을 창조라는 이름으로 달리하고 산다. 아마도 지구가
쓰레기로 넘쳐난다 해도 바퀴벌레가 고생대 이전부터 진화해 왔듯 인간도
자연을 소비하며 그렇게 계속 쓰레기로부터 헝클어진 모습으로 진화할 것이다.
어디 청소용역 아저씨만 쓰레기가 밥이겠습니까. 우리가 모두, 일하는 동안
생산해 내는 것들, 모두가 쓰레기들인데, 그 쓰레기로 하여금 월급이란 허울로
우리는 생활하지 않았던가요. 우리가 소비했던 폐가전제품 위에 환삼덩굴이
가시 그물을 치고, 신선하게 불어오는 바람을 막는다고 해도, 나는 오늘도
쓰레기 더미 속에 나무를 심고 꽃을 가꾸는 가정이 되고 싶습니다.
그 안에서 사랑의 열매를 생산해서 그대에게도 조금은 나누어 드리고 싶습니다.

안전벨트

절름거린 일상에서 시그널은 달랑달랑
낯선 도시로 안전벨트를 풀고 "네온사인에 갇힌 부나방"
중앙선을 베고 누웠다.

지친 나의 모습에
새벽을 여는 아침 햇살도 그늘지어
집으로 돌아오는 길은 가로등도 늦게까지
불을 밝혔다.

산문으로 강을 거슬러 오르면
나무는 외길이어서
하늘에 매운 고추 씨앗을 뿌렸다.

눈물이 핑 돌게 알사탕 두 개가
고등어 눈에 오물거려
눈부처에 별이 반짝인다.

詩作 MEMO

잿빛이 내려앉는 날 건널목에 신호등이 급하게 빤짝이는데, 잿빛이 내려앉는 날
건널목에 신호등이 급하게 빤짝이는데 낯선 도시로 안전벨트를 풀고
철길을 넘어 불나방처럼 달려들었다. 시그널은 밤새 "달랑달랑" 어둠을 쪼개는
나의 지친 모습에 당신은 아침을 여는 햇살이 그늘지어
가로등 불빛도 늦게까지 깨어 있었다.

가로등 예행연습 이야기

나에게는 옛날이야기입니다.
모임이나 회식으로 잔뜩 취해 집으로 가는 길에는
항상 고샅 모퉁이에 어둠을 밝히고 기다리는 가로등이
지금도 서 있습니다.

그날도 흠뻑 취해서 집으로 들어오다가 나도 모르게
대문 앞, 그 가로등 바로 밑에서 동무처럼 함께 쪼그리고 앉아
취중에 꾸벅꾸벅, 밤을 새운 일이 있었습니다.
다음날 얼굴을 붉히며, 아내 볼 면목도 상실했지요.

그때는 내가 왜, 누굴,
가로등처럼 기다리려고 했는지 상상조차 못했는데,
세월이 흐르고 아이들도 장성해 갈수록
나도 고샅 모퉁이에서 서성이며 딸아이들을 기다리고.
불을 밝히는 가로등이 되어갔습니다.

그토록 나를 기다려주었던 가로등과 함께
마음을 졸이고 별을 기다리며 동구 쪽을 바라보는
그때 나의 마음은

가로등 불빛, '바래다주기' 예행연습인 줄을
어디 알기나 했겠습니까.

예행연습이라고
보통 행사 때, 대부분 미리 종합연습으로 점검하지 않습니까?
저도 그대처럼 한길 쪽을 바라다보는
예행연습을 하였던가 봅니다.

오늘날 제가, 너희들에게 사랑하는 우리 아빠로
당신의 고운 남편으로 살아갈 수 있었던 것은
밤새 나를 기다려 주었던 가로등이 있었기 때문에
그런 마음의 당신이 있었기 때문에,

나는 그렇게 그리움의 씨앗을 헤며
우리가 함께 열심히 사랑하며
살아가고 있지 않습니까?

詩作 MEMO ─────
지금도 동구 쪽
고샅 모퉁이에 가로등은 아직도 변함없이 저와 함께 서서 불을 밝히고 있습니다.
결코 사물이라고 해서 그냥 가로등만으로 서 있는 것이 아니라는 것을
누구보다 더, 가족 사랑하시는 임도 잘 아시겠지요.

무궁화 열차

나는 주로
무궁화 열차를 타고 여행을 떠나는 편입니다.
그 열차를 타면
조금은 더 마음과 경제도 여유로움을 갖게 되고
홀가분하게 타고 갈 수가 있도록
언제나 내 자리도 홀수이길 바라죠.
승차권 좌석 배정도 홀수이어야 차창 쪽에 앉게 되고,
달리는 창밖 풍경 그 속으로 나의 마음도 함께
열차 안 온기를 타고 따스하게 간이역들도
스쳐 지나가게 됩니다.

간이역마다 잠시 스쳤던 기억의 불빛을 훑고 지나가다 보면
어느새 낯익은 얼굴이 그려지는 도시에 나의 시선도
잠시 정차하게 되고 또렷이 역광장을 바라보게 됩니다.

한때 그처럼 반짝이었던 도시,
유성처럼 떨어졌던 저 불빛들 속에 나는 아직도 반짝이는
그때 그 대합실에서
서성이는 그림자를 만나게 됩니다.
그대와 함께 오래 머물고 싶었던 마음들
사랑했던 사람들,

작은 불씨 하나로도 도시를 밝게 비추어 주었던 그 사랑이
잠시 멈추어 섰다가
아득한 여운을 안고 두 줄기 선로 위를 미끄러질 때
승강장 건너 쪽 교행하는 차창에 비친 또 다른 얼굴들이
아늑한 바람으로 손을 흔드는 나와 함께 미끄러집니다.

나는 오늘도
승강장에 서서 무궁화 열차를 기다리고 있습니다.
그 '무궁화 꽃이 피었습니다' 추억의 놀이
둥구나무에 얼굴을 잠시 묻고
'무궁화 꽃이 피었습니다' 라고 하면
임이 볼세라, 얼른 한 발짝 더 가까이 단발머리 앞쪽으로
몰래 다가가는 열차.

추억의 무게를 싣고 더디게 달리는 열차를 타고
세월을 천천히 보내는 연습과 임을 만나고
떠나보내는 연습을 하고 있습니다.

詩作 MEMO ─────
내가 무궁화 열차를 즐겨 타고 다니는 것은 무궁화 열차가 다른 열차보다 더 느리게
달려가는 까닭을 알기 때문입니다. 우리의 추억이 열차 안에 가득 실려 있어
더디게 가는 까닭을 알기 때문입니다.

별똥별

붕어빵을 오물
오물거리며 아빠, 별똥별 떨어지는 거야.
뜬금없는 그 말 한마디에 나는
응, 옛날엔 많이 떨어졌더라. 딸아이가 되받아
밤하늘을 쳐다보는 달마중으로 함께 걸어가는 밤길에
이야기를 가만히 듣고 보니 한동안 잊고 지내 온
나의 '별똥별'
가슴으로부터 유성 하나가
별빛을 그으며 동구 쪽으로 떨어진다.

나이가 서른이 다되어 가는 계집아이 입에서 별똥별
이야기가 흘러나오니 마음도 밤하늘만큼이나 청량하다.
내 젊던 시절 담배 건조장 들마루 위에
그렇게도 많이 쏟아졌던 별똥별들
지금은 다 어디로 갔나.
모깃불 풀내음만큼이나 삶에 친숙하고 정다운 얼굴들이
그려지는 데.

"아빠."
"응."
"이거 먹을래?"

손에 들려진 것은 깨물다가 만 붕어빵이 반달이다.
"아니."
간단한 대답 한마디로 주고받으며 걷는 밤길에
나는 너의 손에 들려진 붕어 빵 조각보다도
네가 더 반짝이는 별똥별, 그런 나의 별이다.

전보다 조금은 더 통통해진 별똥별의 뒷모습을 바라보며
빙그레, 이젠 마음을 조금 놓아도 되겠다,
그런 생각도 해보며

부녀가 함께 걸어가는 동구 언덕빼기에
따스한 입김이 서리고
우리 앞길 먼저, 걷는 두 그림자, 달빛에 길쭉한 게
밤하늘은 더욱 밝아서 청량하고
마음도 푸른 밤입니다.

십 년 고개

이십 대부터 언제나 지금은 내 생애 삶의 전환기라고
앞으로 십 년이 나에게 무척 중요하다고 했다.
앞으로 세상을 십 년만 살 사람처럼 부모님의 유언처럼
중요하다고 했다.
삼십대도 그렇게 앞으로 십 년이 나에게 중요하다고 했다.
사오십 대도 나는 십 년이 중요하다고 했다.

육십대 산코숭이 돌아 골짜기 개울 넘어가는 데도
찔레꽃 그렇게도 향기가 소담히도 피었건만
나는 뒤돌아보지도 않고 십 년이 중요하다고 했다.
내일모레가 고갯마루에 서면 해 질 녘 고희인데
나는 아직도 십 년 고개를 부르며
한 번 더 십 년 고개를 넘어가려고 한다.

해는 느엇느엇 저물어
아늑한 저 아래로 이제는 평화스럽게 편안히 쉬어야 한다고
가느다란 저녁 굴뚝 연기가
따뜻한 아랫목에 숨겨놓은 밥사발로 임이 나를 부르는데
이름 모를 들꽃들도 곱게 피어 세상을 물들여 놓고
피고 지는 세상일을
묶음으로, 향기로, 우리에게 전해주고 가는데

아직도 그 소릴 듣지도 바라보지도
못했는지

나는 내 그림자를 붙잡고
슬며시 바지를 털며 또 십 년 고개를
넘어가려고 해요.

詩作 MEMO ────
또 새 옷을 만들기 위해 나를 옭아매는 것이 아니라,
가볍게 털실을 풀어 놓아야 한다.
나를 풀어놓아야 할 십 년인지도 모르고, 앞으로 더 감아 놓아야 할
십 년이 중요하다고만 했다. 쥐어야 할 십 년이 중요하다고 했다.
하기야 앞으로 평생 중요한 것도 십 년이다.
나를 감아 놓지도 말고, 풀어놓아야 할
그게, 십 년이다.

발자국 소리

그대 발자국 소리를 세상의
모든 사물에게도, 사랑하는 임에게도 자주 들려주어야 한다.

텃밭에 심은 식물들에게도 열심히 발자국 소리를 들려주었더니
내가 얼마나 그대에게 정성을 쏟고 있다는 것을
누구보다도 먼저,
식물들도 알아보고 나를 향해 화사하게 피었다.

외로운 노모에게 아침마다 가만가만 방문을 열었더니
맑은 아침 햇살도 함께, 침침한 방안으로 화안하게 따라 들어와
그늘지고 눅눅한 임의 기운도 살짝 빠져나갔다.

사랑하고 그리운 사람에게 들려주는 임의 발자국 소리는
아름다운 사랑이며 우정이며
그대를 향한 내 마음의 고운 햇살 조각들이라는 것을
우리는 가슴으로 들려주어야 한다.
빛과 소리로도 들려주어야 한다.

그리운 이여
임의 가슴에 가만히 보륨을 높여 봐요.
그리고 발자국 소리에 귀를 기울여 들어봐요.

당신과 나와, 가슴으로 이어져오는 따뜻한 온기 속에
그리운 꽃잎 언어들을
바람에 날리며 임이 다가오는 소리를 들어봐요.

그럼, 그대 자신도 모르게
메마른 들판에 고운 맘 하나 들어와, 파롯파롯 새싹이 돋아나고,
싱그런 햇살 넘쳐 가슴에 상쾌한 바람이 들어와 살랑이고,

아름다운 휘파람새 소리도 다시 임의 가지를 찾아 날아와
화사한 꽃으로 피어 향기를 전하겠지요.

눈 바래기

지금 창밖에는
바람 부는 햇살 사이, 눈발이 언뜻언뜻 비칩니다.
지난날 녹음이 푸르고 흥건했던 사랑을 깔고 앉아있는
빛바랜 갈색 낙엽 무리를 내려다보며 나는 겨울 길목에 서 있습니다.
눈발이 땅바닥에 닿기 전에 마음이 먼저 녹아내렸던
기억 하나를 꺼내 들고 말입니다.

오늘같이 포근한 바람이 불어 함박꽃 눈발을 타고 싶은 날은
혹시나 추위에 떨고 있지 않나, 누이 생각이 나고,
밤기차를 타고 차창에 수채화처럼 비친 동네를 지나고 싶어집니다.

책갈피 속에 끼어 넣어 압화가 된 기억의 네잎 클로버 하나와
아직도 가슴에 지워지지 않은 바알간 단풍잎,

사랑의 꽃무늬 곱게 새긴 커피잔에 각설탕 반쪽을 조용히,
커피 향이 흐르는 낮은음자리에 소금쟁이 같은 잔잔한 파문으로
하늘에서 눈이 포근히 내려앉을 거라.

그대가 걷던 눈길에 멀리까지 찍힌 발자국을 생각하며
창틈으로 들녘을 바라보는 겨울은 "눈바래기"

마음에 눈발을 그리움으로
겨울나무 가지마다 소담하게 눈꽃을 피우고
눈 알갱이 하나가 그대 눈썹에 날아들어
눈부처가 더욱 반짝이는 사랑을 그리기에
오늘은 좋은 시간입니다.

그동안 쪼든 일상에 언 성에를 호오 불어
가슴에 온기를 전하고 싶은 겨울 서곡은 사실 따지고 보면
바람이 불어 춥고 외로운 것만 아니고

오히려 춥고 바람이 불어서 그대 생각이 나고
따뜻한 군밤 한 톨 마음을 슬며시 봉창에 넣어주며

하얀 눈길을 함께 걸어가고 싶었던
우리들의 지난 초상이 그리운
눈바래기. 좋은 계절입니다.

첫눈 내리는 날

첫눈인데
함박눈이 푸근하게 내린다.
아하! 두 팔을 벌려 하늘을 쳐다보니
눈썹 위에도 살포시
내려앉는 내 마음의 하얀 꽃

나도 내려앉는다.
첫눈은
우리 누이동생처럼 싸락눈
까슬까슬해도 좋은 것이 아니냐고 되묻지만

장독대 위에 정갈하게 엎어 놓은 함지박처럼
우리 집 아줌마. 순희 씨 앞에서.
오늘은 나도 함박눈처럼

포근하게 내리는
그이가 되고 싶었다.

詩作 MEMO ———
오늘따라 영화배우처럼 외투깃 멋지게 세운 채, 당신과 외출하고 싶었다.

| 작품해설 |

소유와 무소유의 경계 허물기
― 장시우(張時雨) 시인의 작품세계

문학평론가 리 헌 석
(사) 문학사랑협의회 이사장

1.

　장시우(張時雨) 시인은 1947년에 충청남도 연기군(현재의 세종시) 조치원읍에서 출생하고 성장한다. 조치원교동초등학교와 조치원중학교를 졸업한 후, 이웃한 공주지역의 공주고등학교를 졸업하고 청주대학교 법학과에서 수업하던 중, 군(軍)에 입대하여 국방의 의무를 마친다.
　군에서 전역(轉役)한 후, 복학하지 않고 철도청의 공무원이 되어 충청북도 충주시 일원에서 6년 여 근무한다. 남한강 상류 지역, 강을 사이에 둔 산촌 마을에서 5~6년 생활하며 만난 자연으로부터 순수한 정서를 체득한다. 더불어 그 지역의 순박한 사람들과 정을 나누면서, 중소 도시의 역(驛) 부근에서 살아온 그의 의식은 변혁기를 맞는다. 꽃과 나무를 사랑하고, 밤하늘에서 쏟아지는 별을 만나 상상의 나래를 펼치며, 평온한 가운데 느림의 미학을 생활화한 것도 이 시기의 영향이라 하겠다.

> 나도 들꽃이 되었습니다.
> 언제인지도 모르게 그대를 사랑하다 보니
> 나도 들꽃이 되었습니다.
>
> 구름이 흘러가는
> 둔덕에 앉아 바람 타는 하얀 바다를 보고서야
> 꽃의 몸짓 하나
> 임의 꽃강에 반짝이는 낱개 하나에도
> 내 마음 윤슬로 일렁거리고
>
> 당신의 쓸쓸한 풀내가
> 고운 들녘에 서서
>
> 해 지는 저녁 갈대숲,
> 선홍빛 내리쏟아지는 마음에
> 나도, 꽃물결로 흔들렸습니다.
> ―「나도 들꽃이 되었습니다」 전문

 시인은 젊은 시절에 잠시 '남한강' 기슭에서 살던 회상만으로도 행복하다. 〈잔잔한 물결에/ 저녁 햇살도 잠시 물비늘로 반짝〉거리던 마을, 〈무심한 물결만 이리저리, 그리운 머리채를/ 강가에 대고 찰랑〉거리는 그 곳은 마음의 고향이다. 지금은 개발이 되어 옛 모습을 찾아볼 수 없지만, 추억 속에서는 늘 그 자리, 그 모습으로 남아 있다. 지금도 〈강변의 달맞이꽃, 우리 누님/ 밤이슬 젖던 새벽길 열어 달라고〉 사공 아제를 소리쳐 부르는 것만 같다.

그래서 시인은 스스로 들꽃이 된다. 〈언제인지도 모르게 그대를 사랑하다 보니〉 자신이 들꽃이 되어 있다. 그는 〈구름이 흘러가는/ 둔덕에 앉아 바람 타는 하얀 바다를 보고서야/ 꽃의 몸짓 하나/ 임의 꽃강에 반짝이는 낱개 하나에도/ 내 마음 윤슬로 일렁〉거릴 정도로 해 지는 저녁에 외로운 들꽃이 된다. 그리운 사람의 '쓸쓸한 풀내'가 선홍빛 노을로 쏟아지는 저물녘에 그도 '꽃물결'로 흔들리며 꽃이 된다.

자연 속에서 아름다운 추억을 직조한 충북 충주시의 강마을(江村)은 세월이 흐를수록 더욱 뚜렷하게 젊은 시절을 되돌린다.

> 달도 볼세라.
> 신발 두 짝
> 살그머니 방안으로 들여다 놓고
> 숟가락총으로 문고리 채우던
>
> 그런 산간에
> 내 신발도 함께, 임 따라 들어가던
> 물봉선화 같은
> 볼그스름한 마음도
>
> 나, 외따로 핀
> 산골바람으로
> 꽃 핀 적도
> 있었지.
>
> ―「물봉선화」 전문

장시우 시인은 시를 빚을 때, 타고 난 문학적 자질을 발휘하는 것처럼 자연스러움을 유지한다. 어디 한 군데 막히는 곳이 없을 정도로 자연스럽고 미려하다. 가끔 생략을 통하여 독자들에게 여운을 남기기도 하는데, 앞의 작품이 그런 예(例)에 속한다. 그래서 이 작품은 독자들이 행간을 채워가며 읽어야 시의 본질에 이르게 장치되어 있다.

중소도시의 역(驛)을 생활 무대로 성장한 장시우 시인은 남한강 인근의 강촌에서 몇 년간 살면서 삶의 경이(驚異)를 체험한다. 달맞이꽃, 물봉선화, 그리고 수많은 들꽃, 산꽃들과 대화를 나누기도 하고, 그 꽃들에 자신의 정서를 의탁하여 시(詩)의 씨앗을 갈무리하기도 한다. 이렇게 갈무리한 씨앗이 언제 발아되어 싹이 돋을는지, 그는 알지 못 하였을 터이지만, 씨앗의 생명력은 놀라운 것이어서, 40년이 지나 그를 시인으로 거듭나게 한다. 특히 꽃을 사랑하는 사람으로 자리매김하게 한다.

2.
섬세한 감수성으로 시를 빚는 장시우 시인은 특별히 꽃을 통해 그리움을 생성(生成)한다. 「꽃의 관조 1」에서 시인은 〈모두가 잠든 사이/ 오롯이 시를 쓰고 정리하고 있는데/ 등 뒤에 나를 바라보는 시선〉을 느끼어 돌아본다. 그 곳에는 〈며칠 전 내가 화병에 꺾어다 꽂아놓은/ 겨울 목련 나뭇가지 그 아래 아린이/ 눈물 흔적처럼 꽃망울이 부풀어 오르면서〉 떨어져 있다.

'아린(芽鱗)'은 '나무의 겨울눈을 싸고 있으면서 뒤에 꽃이나 잎 따위가 될 연한 부분을 보호하는 비늘'인데, 눈앞에서 떨어져도 관심을 끌어들이지 못할 정도로 작은 물체다. 시인은 그렇게 작은 물체가 등 뒤에서 떨어지는 것을 감지할 정도로 섬세한 감각의 소유자다.

아린이 떨어지는 것을 느끼었을 수도 있고, 어떤 느낌이 들어서 바라보았는데 아린이 떨어져 있을 수도 있다. 혹여 후자(後者)라고 해도 그 작은 물체를 찾아내는 시인의 관찰력에 감탄하게 된다.

> 가만히 앉아
> 그대를 바라보며
> 가슴에 잡초 하나 더 뽑은 건데.
>
> 우리 남새밭에 상쾌한 바람이 들어와
> 두 뼘이나 넓어진 초록이 촉을 틔우며
> 화안한 얼굴로 다가와 내게 웃네.
>
> 내 들녘에
> 햇볕 한 점, 물꼬를 살짝 열어놓은 건데
> 그대는 그리운 시냇가
> 꽃으로 세안하고 달려와 부챗살 물결
> 가슴에 이네.
>
> 마음은 언제나 봄볕으로
> 삼동을 이겨낸 고소한 봄동에서
>
> 유채꽃 물결 활짝 웃으면
> 당신은 바람 타고
> 나비가 되어 오실 거네.
>
> 노오란
> 꽃잎 물결 타고
> 오실 거네.
>
> ―「유채꽃 바람 타기」 전문

시인은 남새밭에 '유채꽃'을 가꾼다. 유채꽃은 씨앗을 받아 채유

(採油)를 하거나, 어린 싹을 나물이나 겉절이 재료로 쓰기 위해 가꾸기도 하지만, 장시우 시인은 아름다운 꽃을 완상하기 위해 심은 것 같다. 「무제」에서 그는 소를 기르는 친구와 자신의 상황을 대비한 바 있다. 〈축사 안에/ 빽빽하게 소를 가두고 기르는 친구〉는 〈아까운 땅에 그렇게 꽃만 기르면서/ 어떻게 사느냐〉고 묻는다. 그래도 시인은 대꾸도 하지 않고 해마다 그 자리에 또 꽃을 심고 가꾼다. 시인은 친구를 〈하늘에서 지탱할 소꼬리를 잡고 살아갈 사람〉으로 보고, 자신을 〈하늘에서 나를 지탱할 꽃을 잡고 살아갈 사람〉으로 적시하며 〈서로 잡기는, 지탱하기는 매한가지인데/ 말이나 생각이 서로 잘/ 통하지 않는다.〉고 인식한다.

또한 자연 속에서 삶의 이치를 궁구(窮究)하는 지혜를 발휘한다. 「오솔길에서 그물을 짜고 있는 환삼 가시덩굴」에서 〈삶은/ 치유의 과정〉임을 찾아낸다. 〈발길이 뜸해서 오솔길을 가로막고 바람을 가두려고/ 그물을 짜고 있는 환삼덩굴〉을 피하려는 자신을 보며 소통의 길을 피하려는 자신을 성찰한다. 그리하여 〈사랑은 저절로 지켜지는 것이 아닙니다./ 용기가 있는 자만이 그대와 사랑을 계속할 수 있습니다.〉라는 잠언(箴言)의 경지에 이른다. 이러한 형상화는 작품 「산딸기」에서도 드러난다. 산딸기 가시가 무서워 '사랑의 길'을 피하지 말아야 함을 주장한다.

시인은 꽃을 통하여 삶의 지혜와 생활 자세를 노래하기도 하지만, 스스로 에피소드를 통하여 '물아일체(物我一體)와 일체유심조(一切唯心造)의 경지로 승화시킨다.

> 회식 끝 술에 취해
> 고샅 모퉁이 가로등을 붙잡고 빙빙 돌다가
> 대문을 열고 들어서니

한복을 곱게 차려입고 웃고 있었습니다.
　　　"누구시더라?"
　　　잡힌 손 뿌리치지 못하고 방안으로 끌려 들어갔습니다.

　　　아침이 되어서야
　　　취몽이었나, 별 희한한 꿈도 다 있네 하고
　　　기억을 묻어버렸는데

　　　오늘, 집을 나설 때
　　　무심히, 마당을 바라보니
　　　올해도 과꽃이 화사하게 피어
　　　꽃잎을 살짝, 흔들고
　　　있었습니다.
　　　　　　　　　　　　　　　　　─「과꽃」전문

　이 작품에서 '한복을 곱게 차려 입으신 사람'의 원관념은 '과꽃'이다. 〈술에 취해 고샅 모퉁이 가로등 기둥을 붙잡고〉 빙빙 돌았다는 전제에 의하면, 시인의 마당에는 과꽃이 피어 있었다는 것이고, 술 취한 시인은 과꽃과 한복을 차려 입은 여인을 동일시하였다는 것에 다름 아니다. 이는 만취한 시인의 에피소드일 수도 있고, 사람과 꽃이 하나라는 물아일체의 경지를 작품화한 것으로도 보이고, 또는 잡힌 손을 따라 들어간 후의 일이 무안하여 과꽃에 슬며시 미루는 것일 수도 있다. 그 원관념이 무엇이든지, 이 작품은 독자들이 다의적으로 해석할 수 있게 형상화되어 있다.

　3.
　아내와 과꽃의 이미지 중첩으로 이루어진 작품처럼, 시인은 꽃과 아내를 동일시하는 것 같다. 「우리는 곱기만 한 당신」에서 시인은 〈우리 마음이 산같이 푸르러/ 꽃이 나에게 물으면 향기로 대답〉하겠다고 한다. 〈당신이 시로 물으면 나도 시로/ 노래로 물으면 나도 노래로〉 화답하겠다고 한다. 그리하여 〈당신의 그 웃음에/ 꽃의 얼굴로/ 화응〉하겠다고 한다. 환언하면 서로가 꽃이 되기도 하고, 그 꽃에 대응하기도 하면서 살아가는 부부임을 밝힌다.

그러나 삶이 아름답고 살갑기만 할 수는 없을 터, 부부 간에도 작고 큰 불협화음이 있게 마련이다. 그는 〈어느 때인가/ 내가 몹시 불편할 때/ 문자가 왔다. '제가 소견이 좁았어요.'/ 아내의 그 한마디에/ 나는 금방 '알았어. 나 밥 먹었어.'하고/ 그 일을 잊는다.〉고 실토한다. 마음에서 불편함을 지우니, 〈세상을 누르던 그 무게가 금방 가벼워지고/ 아내가 다시 이쁘기 시작해진다.〉고 솔직하게 밝힌다. 때로는 직장에 다니는 아내를 위해 가사를 담당하기도 한다. 〈해 질녘, 소리도 없이 주방에서/ 맛나고 고운 향기를 미리 만들어 놓고/ 나는 딴전을 피운다.// 아내가 나에게 저녁 잡수시라고/ 상을 차릴 때까지.〉 미리 준비해 놓고, 발효가 될 때까지 기다리는 멋을 작품에 담는다.

어쩌다
한번,
아내 앞에서
일과 행동과 말의
실수로 고두밥을 짓고
어쩔 수 없이 술을 빚는다.

아내 가슴에 부글부글 끓는 화기에도
그동안 몸을 맞대고 살은

정이 깊어선지

술은
식혜처럼
마음을 삭이는 거라고

독 안에 매화가 그득
꽃망울 터지는 소리로
아내 가슴에서부터
곱게 피어난다.

—「마음, 발효시키기」 전문

 이 작품의 숨겨진 힌트 〈실수로 고두밥을 짓고/ 어쩔 수 없이 술을 빚는다.〉를 이해할 수 있어야 작품의 본질에 접근할 수 있다. 이는 '넘어진 김에 쉬어간다.'는 속담과 궤를 같이한다. 술을 빚을 때는 쌀을 시루에 익혀 고두밥을 만든다. 그런데 시인은 실수하여 고두밥을 지었으니, 울며 겨자 먹기로 술을 빚는다는 것이다. 고두밥이어야 밥알이 붙지 않고, 그 사이사이로 누룩이 고르게 묻어 발효가 잘 되며, 결론적으로 맛과 향이 좋은 술이 빚어지는 것이다. '독 안의 매화'는 술을 담그고 며칠 지나면 누룩과 쌀이 발효되면서 위로 뜨는데, 그 때의 모양이 매화꽃과 유사하다. 이렇듯이 시인은 자신의 실수를 간명하고 아름다운 시로 승화시키는 명장(明匠)의 자질을 발휘한다.
 시인은 아내와 사랑놀이를 하듯이 일상을 보낸다. 겨울이 오기 전에 창호지로 주방의 틈을 바르고, 두 내외가 따뜻한 온기를 나누기도 한다. 이러한 평화는 작품「부창부수」를 통하여, 양보하고 배려하는 행동에서 가정의 평화가 지켜짐을 확인시킨다. 투표 전야에 시인이 아내에게 묻는다. 〈당신은 이번 선거에 어느 인물을 찍고/ 정당은 어느 당을 찍을 거냐?〉 아내는 〈또박또박 그 속내를 일러주며 나의 눈〉을 뚜렷이 쳐다본다. 이때 시인은 〈그럼, 나도 당신과 똑같이 찍어야겠네.〉 명쾌하게 말하자, 〈아내의 얼굴은 금방 앵두꽃, 화사하게 가지에 꽃을 달았다.〉고 묘사한다. 투표일 아침, 〈함께 기표하고 나오는데/ 말없이 내게, 바짝 달라붙은 아내를 바라보며/ 소리 없이 빙그레 웃음이 나왔다.〉고 기꺼워하며, 이는 〈사랑의 한 방편〉이라고 말한다.

기실 투표를 앞두고 부부가 싸워야 할 만큼 우리의 정치가 성숙한 것은 아니지만, 가정의 평화를 위해 말로라도 양보하고 배려하는 자세가 오롯하다. 아내에 대한 이러한 자세는 처가 식구들에게도 그대로 적용되는 것 같다.

    우리
    처갓집 안방에서
    훤히 내려다보이는 안뜰에

    누굴 기다리시나,
    온종일 햇볕이 산들바람 데리고
    맑게 내려와 앉아있다.

    생전에 어른이 심어놓으신 후박나무
    이파리들의 그림자가
    발자국처럼, 땅바닥에 이리저리
    서성이는 앞마당에서

    어른이 환하게 웃고 계시는
    따뜻한
    봄날입니다.

                                          ― 「늦은 봄날」 전문

늦은 봄날, 햇볕이 맑은 안뜰에 작고하신 장인어른이 환하게 웃고 있는 것처럼 보인다는 묘사적 심상이 뛰어나다. 그의 장인어른은 〈해 질 녘,/ 돌아오시면/ 쟁기를 잘 추슬러 놓으시고/ 우선 낫부터 꺼내 숫돌이 해어지도록/ 내일의 날을 세우시던〉 분이다. 그 어른은 〈비 오는 논다랑이/ 개구리 울음 소리 요란한〉 봄에 소천하신다. 〈슬은 쟁깃날에 숫돌을 꽂아 놓고〉 떠나신 분은 지금도 〈겨우내 녹슬은 쟁기, 보습에 윤이 날 때처럼/ 열심히 삶을 꾸리라〉는 당부를 쉬지 않으신다. 이와 함께 「생선초밥, 처갓집 소묘」에서는 장모님의 사랑을 고마운 마음으로 묘사하고 있다.

사람 사이의 일은 인연에 따라 지어진다. 소를 기르는 사돈의 바쁜 일상을 유니크하게 표현하고 있다. 사돈 내외가 〈소를 기르고 계시는데/ 그 소들이 우리 사돈 내외의 코뚜레를 잡고/ 일을 부리고 있답니다.〉라고 주객(主客)의 위치를 바꾸어 진술한다. 〈어디 나들이 다녀올 틈도 없이/ 소들이 그 분들을 사료 창고에 가두어 놓고/ 열심히 죽만 쑤라고 합니다.〉라고 역설적 상황을 그려낸다. 이렇듯이 장시우 시인은 삶의 영지에서 관찰되는 모든 대상에 대하여 따스한 시선을 견지한다.

4.
장시우 시인의 시 표현은 장인(匠人) 기질의 발현이다. 묘사와 서술이 자연스럽게 교차하고, 다채로운 비유와 상징이 작품의 품격을 높이며, 시어에 따른 이미지 생성이 독자적이어서 타의 추종을 불허한다. 자신의 관찰과 감성, 시어와 시상 전개가 진솔한 작품이어서 맺힌 곳이 없이 자연스럽다. 장시우 시 대부분이 읽으면서 이해되고, 시어와 시상이 독자성을 띠면서도 자연스러운 게 특징이다.

　작품 「섣달그믐께 부는 나의 바람꽃」에서 세모(歲暮)를 이렇게 묘사한다. 〈섣달그믐께 되면/ 서럽고 맵던 고추도 곱게 붉게 빻고/ 참깨 들깨들도 고소히 볶아대던 우리네 살림 방앗간〉을 노래한다. 이와 함께 〈내 꼴 사는 게/ 겨울 잿빛에 목화꽃을 이고/ 들녘을 헤집고 바람을 타고 살아선지/ 오늘도 야생으로 좌판을 깔아 놓은 들풀〉로 비유한다. 이어 〈나는 겨울 숲정이 그 바람 안에 애틋한 울음을 터트려/ 봄의 애벌을 노래하고, 살가운 연민으로 눈시울 적시며/ 걸어오는 바람꽃, 당신을 진정으로 그리워하며/ 사랑하고 싶다.〉고 소망한다.

　시인은 이처럼, 그만의 표현법에 매료된 독자들의 시선을 고정하게 하는 마력을 지니고 있다. 여러 작품 중에 「유년의 별자리」는 특별히 그런 작품이다.

　　　내 뜰에
　　　명자꽃 필 무렵
　　　붉은 꽃망울이 살랑 눈시울 길에 스친 바람 하나,
　　　무심히 꽃밭을 훑고 지나간 유성처럼
　　　세월이 별들도 함께 데리고 나갔다.

　　　나는 자연스레 잊혀졌나 했다. 그런데
　　　뒤란 장독대 푸른 이끼가 자랄수록 다시 별들도 자라나
　　　마을회관 앞뜰에 단풍 진 색색 잎새
　　　땅바닥에 그려놓고 살살 흔들거리던 그림자처럼
　　　올해도 정자나무 그늘은 나를 다독이고 있었다.

　　　삼팔선 놀이 그 바깥바람까지 내 가슴에
　　　유년의 그리운 수초가 듬성듬성 자라나던 저수지

> 너른 물 위에, 반짝하고 눈가에 젖었을,
> 동구나무 아래, 기타 치는
> 저녁 물결,
>
> 꽁지를 졸레졸레, 바람 타는 오리 떼처럼
> 노을을 헤집으며 지금도 연안 상류 쪽
> 물살을 거슬러 올라가고 있다.
> 내 품에 얼마나 그대를 더 소리 내어 읽어야
> 두 팔로 샛별처럼 나를 따라오는 밤하늘,
>
> 부유하는 그리움이
> 아이들처럼 또 손꼽아, 별을 세며
> 흐르게 될까.
> ―「유년의 별자리」전문

이 작품의 주석에서 시인은 〈마음속 떠나가지도, 날아가지도 않는 내 새〉에 대해 이야기하면서 〈담배 건조장 들마루에서 별들도 모닥불 사이로 매캐하도록 그리고, 그렇게 쏟아졌던가〉 추억한다. 〈그 별들은 지금도 내 하늘에 반짝인다.〉 〈남은 삶에서 그리움이 다시 살아나 그대와 나, 서로 별을 헤는, 동시에 반짝이는 별이면 좋겠다.〉고 소망한다.

이 작품의 장점은 시 표현의 다양성과 미려함이다. 〈붉은 꽃망울이 살랑 눈시울 길에 스친 바람 하나,/ 무심히 꽃밭을 훑고 지나간 유성처럼/ 세월이 별들도 함께 데리고 나갔다.〉 〈뒤란 장독대 푸른 이끼가 자랄수록 다시 별들도 자라나/ 땅바닥에 그려놓고 살살 흔들거리던 그림자처럼/ 올해도 정자나무 그늘은 나를 다독이고 있었다.〉 〈유년의 그리운 수초가 듬성듬성 자라나던 저수지/ 너른 물 위에, 반짝하고 눈가에 젖었을,/ 동구나무 아래, 기타 치는/ 저녁 물결,〉〈꽁지를 졸레 졸레, 바람 타는 오리 떼처럼/ 노을을 헤집으며 지금도 연안 상류 쪽/ 물살을 거슬러 올라가고 있다.〉〈내 품에 얼마나 그대를 더 소리 내어 읽어야/ 두 팔로 샛별처럼 나를 따라오는 밤하늘,〉〈부유하는 그리움〉 등에서 그만의 시상과 시어를 통해, 생동하는 정서를 공유하게 한다.

이처럼 시 표현의 멋과 맛을 간직하면서, 불교적 시심을 자연스럽게 표출하는 작품도 여러 편이다. 난해한 불교적 심상을 간명하게 형상화하고 있다.

저 허허 벌판에 서 있는
나의 마애불.

세월이 흘러가면 갈수록
그래도 씻기는 것이 있나 보다.

눈 코 귀도
입도 서서히 지워지고 흐릿하여

들리는 소리조차 없으니
머리 없는 부두불.

오늘도
머리 없는 나를 찾아

눈 내리는 어느 자성의 계곡에
휘몰아치는 호된
바람 소리로,

천년의 얼음장 밑으로 맑은 물, 졸졸 소리 내며
언제나 진리처럼, 위에서 아래로 아래로

마음의 계곡물 맑게
하심이 흐른다.

　　　　　　　　　　　　　　―「마애불」 전문

　이 작품의 시적 진실은 〈눈 내리는 어느 자성의 계곡에/ 휘몰아치는 호된/ 바람 소리로,// 천년의 얼음장 밑으로 맑은 물, 졸졸 소리 내며〉 흐르듯이, 마음(욕심)의 계곡물도 맑게 흘려보내며 비운다는 것이다. 신은 언제나 자신의 안에 계시기 때문에 고요한 묵음으로 전해도 미리 알고 있다고 한다. 시험 보는 날 교문 앞에 갱엿을 붙인다거나, 명산마다 촛농자국으로 그을린 부처 형상들은 사욕이고 이기심이라고 경계한다.
　이와 함께 〈산에도 바다와 같이 고운 섬을 만들려고/ 기도하러 오시는 보살님들// 고요한 마음의 풍경을 솔바람 저어가며/ 내 안에 부처가 계시는 또 다른/ 님의 섬〉을 찾아보기를 권면한다. 〈밤하늘이 새카맣다 해서/ 달이 없겠습니까, 별이 없겠습니까?/ 잠시 구름에 가린 것을 가지고 호들갑을 떠는 당신〉을 깨우치고자 한다. 〈불전함은 절 살림과 다음에 오실 보살님들을 위해 쓰이시기에/ 나도 따라 불상 앞쪽에서 절을 올리고/ 다시 불전함에 허리를 굽혀 시주〉를 하며 신심(信心)을 다진다. 이렇듯이 불교에 의해 크고 작은 깨달음에 이르고, 이러한 깨달음으로 인해 하심(下心)의 경지에 이른다.

　5.
　장시우 시인은 청년기부터 시인이 되겠다는 강한 의지를 다졌지만, 부친이 요식업을 비롯한 여러 사업을 경영하여, 맏이인 그는 자연스럽게 부친의 사업에 동화된다. 사업을 크게 성공시킨 부친은

산, 과원, 그리고 너른 농지를 장만하여 농사를 지으며 꽃도 가꾸신다. 맏이로서의 시인이 그 뒷바라지를 해온 것 같다. 그러기에 그는 유산으로 이어받은 그 농원에서 농사도 짓고 꽃도 가꾸며 생활한다.

시인이 되고 싶다는 의지를 가꾼 지 40여 년의 세월이 흐른 후, 사업 현장에서 물러난 시인은 그동안 습작한 작품을 『문학사랑』 신인작품상에 응모하여, 2009년에 당선한다. 시인으로 등단한 시인은 작품 창작에 진력(盡力)하여 창작한 작품 100여 편을 모아 2017년에 첫 시집 『감자 조각들』을 상재한다. 이 시집에 수록된 다음의 작품은 상징에 의하여 시적 화자가 모호하지만 그의 내면을 진실하게 투영하고 있다.

당신과
내가 함께 길을 가는 동안
삶의 향기를 맡기 위해, 아름다움을 바라보기 위해,
오늘 하루도 나와 우리 동산의 무리를 위해
고운 바람으로 물을 뿌려주고

당신과
내가 길을 가는 동안
잡초로 하여금 상처를 받지 않도록
열심히 마음의 꽃을 가꾸겠습니다.

당신과 내가 길을 가는 동안 삶이 바람에 흔들려도
꽃처럼 흔들리며 아파도 꽃처럼 아파서
꽃 같은 사람이 되겠습니다.

마음의 텃밭에 기도가 되는 생각들로 가득 피어나
사랑의 향기를, 임의 향기를

품어내겠습니다.
―「길을 가는 동안」전문

이 작품에서 중심 단락은 3연이다. 〈당신과 내가 길을 가는 동안 삶이 바람에 흔들려도/ 꽃처럼 흔들리며 아파도 꽃처럼 아파서/ 꽃 같은 사람이 되겠습니다.〉 세상의 바람에 흔들리거나, 흔들리다가 다쳐서 아픈 꽃과 같은 경우가 오더라도, 자신은 변함없이 꽃과 같은 사람에 되겠다는 소망과 다짐이 승화되어 있다.

시인은 함께 길을 가는 동안, 〈삶의 향기를 맡기 위해, 아름다움을 바라보기 위해〉〈고운 바람으로 물을 뿌려〉주는 정원사의 역할을 담당하고자 한다. 또한 자신의 생활 속에서 사람은 물론 〈잡초로 하여금 상처를 받지 않도록/ 열심히 마음의 꽃을〉 가꾸겠다고 다짐한다. 이렇게 웅숭깊은 작품을 빚으려는 소망은 그를 특별한 시인으로 우뚝 서게 하는 동인(動因)으로 작용한다. 이런 바탕에서 그는 새로운 서정적 세계를 개척하는 경지에 이른다.

친구야
봄바람 불면

그대, 섬진강
매화 꽃잎 따서 띄우고
나는 금강에서 복사꽃, 꽃잎 따서 띄우면

그럼,
바다에 가면 만날 거야.

꽃 피우는 명주바람은 서로 달라도
향기가 붉고 하얗고 그리운 마음만 같으면

별에서 반짝이는 매화꽃 피고,
복사꽃 피는 속뜰에서
만날 거야.

그러다 가슴이 차올라
우리 서로 눈가에
꽃눈이 붉겠다.

―「친구야, 봄바람 불면」 전문

　장시우 시인은 〈꽃 피우는 명주바람은 서로 달라도/ 향기가 붉고 하얗고 그리운 마음〉은 동질적 자기장을 갖고 있다고 믿는다. 그 자기장 안에서 서정과 마음을 나누고자 한다. 이러한 지향은 〈그대, 섬진강/ 매화 꽃잎 따서 띄우고/ 나는 금강에서 복사꽃, 꽃잎 따서 띄우면// 그럼,/ 바다에 가면 만날 거야.〉 정서적 만남을 노래한다. 특히 둘이 함께 가꾼 〈별에서 반짝이는 매화꽃 피고/ 복사꽃 히는 속뜰에서〉 만나기를 소망한다. 그리하여 동심결(同心結) 안에서 서로 눈시울을 적시며 해후하고자 한다.
　그는 '서정의 바다'에서 시인과 독자들이 문학 작품을 공유하기를 소망한다. 이러한 소망으로 시를 빚기 때문에 그가 창작하는 작품은 새로운 경이(驚異)를 제공한다. 이제 50년이라는 오랜 기간 발효시켜 빚은 그의 작품이 수록된 첫 시집에서 독자들은 맛나고 향기로운 술을 공유할 수 있으리라 믿는다. 문학 안에서 사랑과 삶의 진실을 나누리라 확신한다. 이러한 믿음으로 장시우 시인의 첫 시집 『감자 조각들』에 수록된 작품 감상의 여로를 접는다.

감자 조각들

장시우 시집

발 행 일		1쇄 2017년 4월 28일
		2쇄 2017년 6월 15일
지 은 이		장시우
발 행 인		李憲錫
발 행 처		오늘의문학사
출판등록		제55호(1993년 6월 23일)
주　　소		대전광역시 동구 대전로 867번길 52(한밭오피스텔 401호)
전화번호		(042)624-2980
팩시밀리		(042)628-2983
전자우편		hs2980@hanmail.net
카　페		cafe.daum.net/gljang(문학사랑 글짱들)
		cafe.daum.net/art-i-ma(아트매거진)

공 급 처　|　한국출판협동조합
주문전화　|　(070)7119-1752
팩시밀리　|　(031)944-8234~6

ISBN 978-89-5669-815-1
값 15,000원

ⓒ장시우. 2017

* 이 책은 교보문고에서 E-Book(전자책)으로 제작하여 판매합니다.
* 잘못 제작된 책은 바꾸어 드립니다.
* 이 책은　　　　와　　　　에서 지원금을 지원받았습니다.